全国青少年户外营地丛书

营地水上运动教程

国家体育总局青少年体育司
中国登山协会
组编

高等教育出版社·北京

内容简介

本书是全国青少年户外营地丛书之一，是营地水上运动培训教材，由国家体育总局青少年体育司、中国登山协会组织编写。内容选取了易于在青少年营地开展的水上户外运动项目，包括潜水、皮划艇、桨板、溯溪和钓鱼等。

本书还可以作为研学旅行组织机构、户外运动俱乐部的培训教材，以及高等院校户外运动相关专业的教材。

图书在版编目（CIP）数据

营地水上运动教程 / 国家体育总局青少年体育司，中国登山协会组编. -- 北京 ：高等教育出版社，2020.8
（全国青少年户外营地丛书）
ISBN 978-7-04-054482-4

Ⅰ. ①营… Ⅱ. ①国… ②中… Ⅲ. ①青少年－水上运动－教材 Ⅳ. ①G861

中国版本图书馆CIP数据核字(2020)第115769号

策划编辑 陈 海　责任编辑 傅 波　封面设计 张 楠　版式设计 马 云
插图绘制 邓 超　责任校对 商红彦 李大鹏　责任印制 刘思涵

出版发行 高等教育出版社
社 址 北京市西城区德外大街4号
邮政编码 100120
印 刷 河北鹏盛贤印刷有限公司
开 本 787mm×960mm 1/16
印 张 10.5
字 数 180 千字
购书热线 010-58581118
咨询电话 400-810-0598

网 址 http://www.hep.edu.cn
http://www.hep.com.cn
网上订购 http://www.hepmall.com.cn
http://www.hepmall.com
http://www.hepmall.cn

版 次 2020 年 8 月第 1 版
印 次 2020 年 8 月第 1 次印刷
定 价 35.00 元

本书如有缺页、倒页、脱页等质量问题，请到所购图书销售部门联系调换

物 料 号 54482-00

“全国青少年户外营地丛书”审委会

主　任：刘扶民　李致新

副主任：张　智　王　雷　续　川　王勇峰

委　员（以姓氏笔画为序）：

马欣祥　朱　英　次　落　李文茂　张志坚

罗　申　周锦琳　徐　杰

“全国青少年户外营地丛书”编委会

主　任：丁祥华

副主任：曹荣武　高　扬

委　员：佘建新　赵佳明　罗林斯特

本册编写人员

执行主编：李　元

执行副主编：张红梅　杨青玲

参编人员（以姓氏笔画为序）：

王　莹　田兵兵　朱倍锋　李林峰　吴思阳

何鹏飞　陈睿智　罗江兰　常洪标　崔倩如

符善翔　雷　波

序

“青年兴则国家兴，青年强则国家强”，这是习近平总书记对青年的深情寄语。中华民族伟大复兴的中国梦和健康中国建设的宏伟目标必将在一代代青年的接力奋斗中变为现实。青少年的理想信念和综合素质决定着国家发展的活力，体育对青少年身心健康和国家民族长远发展具有重大的战略意义，要充分发挥体育运动在培养健康体魄、塑造健全人格、促进全面发展等方面的重要作用。

体育行业要高度重视青少年健康和伴随其一生的体育技能培养，让每个青少年熟练掌握 2~3 项体育技能，特别要通过青少年户外体育活动营地培养青少年的体育技能。壮大青少年的体育人口。《体育发展“十三五”规划》明确提出：实施青少年体育活动促进计划，进一步加强青少年户外体育活动营地建设。同时，将青少年户外体育活动营地逐步建设成为体育综合体，为各类人群提供运动、文化、游玩、购物、住宿等综合服务。面对我国 2.5 亿青少年人群，大力发展青少年户外体育活动营地，是优化统筹校内外体育资源，建立和完善学校、社区、家庭相结合的青少年体育网络的重要举措。青少年营地教育作为学校教育和家庭教育的延伸和补充，已越来越得到社会的关注和认可。但与西方国家相比，我国青少年户外体育活动营地发展尚属起步阶段，特别是在营地发展战略布局、营地建设规划、营地服务标准、营地活动体系等方面，还面临着一系列亟待解决的关键问题。

为此，国家体育总局青少年体育司、中国登山协会在广泛调研和充分论证的基础上，立足我国青少年体育活动发展实际，充分借鉴吸收国外营地发展经验，组织编写了本套“全国青少年户外营地丛书”，计划陆续出版《营地建设与管理》《自然教育操作手册》《营地指导员基础教程》《营员成长手册》等分册，适用于从事青少年户外体育活动营地工作的管理人员、教学人员、服务人员及相关领域的研究人员。本丛书的出版，不仅能为我国青少年户外体育活动营地事业的科学发展提供良好的理论支撑，更能为广大青少年户外体育活动营地工作者的专业化发展提供实践规范。

感谢所有参与本丛书研发、编写的工作人员，感谢所有关心中国青少年体育事业的朋友们，让我们共同祝愿我国青少年户外体育活动营地事业蓬勃发展！

赵　勇

2017 年 2 月 9 日

前言

在户外体育活动营地中，为青少年开设的课程（活动）非常丰富，包括了自然教育、野外生存、户外运动、应急教育、劳动技能、科技体验等，其中户外运动是最重要的课程内容。当前，迅猛发展的户外体育活动营地对优质课程的需求非常迫切，营地指导员如何在遵循青少年身心发展规律的前提下，按照教育教学和运动训练规律，将户外运动项目的技能与方法教给青少年，让青少年体验各种户外运动项目的魅力，促进身心健康发展，成为“全国青少年户外营地丛书”编写的出发点。

在《营地水上运动教程》的编写过程中，中国登山协会青少年委员会组织了多轮专家论证与讨论，这些宝贵的意见与建议为编写提供了思路。本书编写思路如下：

1. 水上户外运动项目的选择

水上户外运动是青少年户外体育活动营地的重要课程内容，水上户外运动项目种类繁多，项目之间技能差异较大；我国幅员辽阔，各区域的户外资源差异较大，因此，教程应包括较多的户外运动项目为宜，以满足不同地区营地的需要。但限于篇幅，本书选择了易于在营地中开展的潜水、皮划艇、桨板、溯溪和钓鱼共计 5 个项目，其他项目待后续编写。

2. 各户外运动项目内容的编写

目前已经出版的各种户外运动项目教材，对于技术技能的讲解已经较为完备。因此编委会认为本教程的适用对象为有一定的户外运动项目技术技能基础的营地指导员，因为他们对青少年这一特殊对象群体的教学内容如何选取、教学方法如何选择与应用等方面还需进一步提高。鉴于此，本教程着重解决两个问题：教什么和怎么教，而不是像常见教材那样通篇讲解技术技能。通过各章节，将各水上户外运动项目中适合 6~12 岁青少年掌握的技术技能进行了进阶性的安排，为营地指导员选取适宜的技术技能作为教学内容提供参考；在各章节编写了“教学要点”，为营地指导员在教学过程中选取教学方法与活动形式提供借鉴；同时提示了在教学过程中需注意的风险点。每章节内容的安排分为“教学目标”“技术（知识）要点”“教学要点”“风险管理”和“教学反思”等环节。

由于中国户外体育活动营地发展时间较短，加之营地户外运动方面的研究成果有限，我们在编写时参考、借鉴了部分户外运动的研究成果，在此对为本书编写提供帮助的专家、学者表示衷心的感谢！感谢中国地质大学（武汉）、昆山舟际体育管理有限公司、昆山市钓鱼协会、武汉领航鲸体育文化传播有限公司等单位在本书图片和视频方面提供的帮助。

由于编写水平有限，书中难免有疏漏和欠妥之处，衷心希望广大读者多提宝贵意见，以便今后不断完善。

本书编写组

2020 年 5 月

目录

1 第一章 潜水运动

学习目标

1. 了解潜水运动的起源与发展。

2. 理解潜水运动相关知识。

3. 掌握潜水运动装备的使用方法。

4. 掌握潜水运动水下呼吸管排水、呼吸管寻回、面镜排水、面镜脱着及中性浮力的相关技术。

5. 体验开放水域潜水，领略潜水运动的魅力。

章前导言

潜水是人类漫长历史中重要的生存技能之一。人类社会和科学技术的不断发展，增强了人们征服水域、探索海洋的勇气和信心，也使潜水运动在全球范围内得到了快速发展。我国潜水运动正初步进入国际化发展的新阶段。通过潜水探索水下世界对青少年有着巨大的吸引力。潜水也是一项严谨自律的运动，不论是潜水前、潜水中还是潜水后，参与者都需要谨守相关的安全规则，并在潜水过程中遵循潜伴制度，这有利于青少年学会在团队中沟通、合作、互助，从而培养良好的团队精神。

第一节　潜水运动概述

一、潜水运动的起源与发展

自古以来，人类生活在高山耸立、河海遍布的地球上，依山打猎，傍水捕鱼。其中，靠近水边的人们为了捕捉水中的鱼虾和采捞可供食用的植物，逐渐学会了游泳、潜水等技能，这应当是人类历史上潜水运动的最早形态。我们很难确定人类开始潜水的具体年代，但可以肯定的是，在人类发展的漫长历程中，潜水始终是人类重要的生存技能之一。有记载的史料表明，至少在6 000年前，人类已经开始了潜水运动，这可以从古巴比伦贵族妇女当时用作装饰品的珍珠中寻求到证据支持。

纵观国外潜水发展历程，潜水的发展始终与潜水装备的发展密切相关。随着人类科学技术的日益进步，用于潜水的各种专用设备不断被设计和生产出来。18世纪初，英国人使用特制的木桶成功潜入到20米深的水下，进行海底打捞活动。19世纪初，德国人奥古斯·特西比发明了一种跟当下人们穿着的潜水衣类似的潜水设备，独立的潜水呼吸设备也于19世纪末到20世纪初被设计出来。1930年左右，玻璃片橡皮镜和面罩开始在潜水运动中使用。1942年第一具带有自动呼吸调节器的呼吸设备“水肺”被两个法国人发明，这在现代潜水运动发展历史上具有划时代的意义。这种呼吸调节器能通过调节空气的流量使潜水者肺部的气压一直与水压保持平衡，为潜水运动的推广创造了一种全新的有利条件，促进了潜水运动快速发展。由于潜水装备费用高昂，装备专业性和潜水教育都要求较高，因此休闲潜水最先出现在欧美等发达国家和地区，并于1950年前后在沿海城市流行起来，如今已成为人们喜闻乐见的一项大众体育运动。

潜水在中国有悠久的历史，早期主要是人们用于谋生和完成海上救援打捞方面的任务需要，同时一些地区还逐步发展起了打捞商行和潜水作业户，这成为我国早期专业潜水力量的主要代表。但潜水作为体育运动项目被人们认识和逐渐开展起来是从1949年新中国成立后开始的。1958年11月初，全苏支援陆海空军志愿协会主席别洛夫上将，应中国人民国防体育协会主任李达上将邀请来中国访问时，介绍了欧洲国家新兴起的压缩空气潜水运动的情况及此项运动的实用价值。在谈及苏联潜水运动由俱乐部开展时，希望中国也能开展此项运动，苏联可为中国培训潜水运动人员提供帮助。1959年，为更好地服务国防和生产，潜水运动被列入国防体育运动项目正式开展。同年，我国从海军中挑选了6名政治思想好、有潜水基础的在役军人前往苏联学习潜水。同时，我国首期全国潜水教练员培训班在广州举办。1960年，国家体委在海滨城市湛江成立国家潜水训练基地，1961年组建“中国人民潜水俱乐部”（现国家体委湛江潜水运动学校），我国潜水运动自此翻开了新的篇章。进入20世纪80年代，中国潜水有了长足发展，中国潜水运动协会在1986年正式成立。在中国潜水运动协会的推动下，1999年底中国潜水俱乐部由最初的8家发展到24家，2004年年底发展到80家，2010年年底发展到122家，目前我国潜水俱乐部的数量已达450家之多。我国自2006年开始，体验潜水服务保持高速增长，2010年体验潜水业务收入为4.5亿元，2018年潜水行业产值已达25亿元，年增长率近25%。随着潜水旅游的发展和风景区的开发，适合潜水的区域不断扩大，2015年我国体验潜水相关业务收入达到21.33亿元。我国每年有超过150万人次参与体验式潜水，15万以上人次考取潜水相关证书，近年潜水员数量以年均35%至40%的幅度增长。

潜水运动作为强身健体、培养意志品质和休闲娱乐的体育运动项目，已成为了户外运动的新宠，与高尔夫运动、滑雪运动并称为三大绿色休闲运动。在青少年户外体育活动营地中开设潜水课程，不仅有利于培养青少年良好的运动习惯、促进身体的健康发展，更有利于培养青少年在团队中沟通、合作、互助的能力，塑造良好的团队精神。

二、潜水运动装备

人类需借助潜水装备来实现探索水下奇妙世界的梦想，无论是潜水方式的不断改进还是潜水运动的发展，都得益于潜水装备的进步。除了潜水三宝（面镜、呼吸管和脚蹼）外，还有一些潜水装备是必不可少的，如浮力调节器（BCD）和配重带能帮助潜水员调节水下浮力使其能在水中漂浮；

气瓶、空气压力调节器等则是向潜水员提供空气的装置。在营地中可按表 1-1-1 来准备相关装备：

表 1-1-1　潜水运动常用装备

序号	名称	规格要求	备注
浮潜装备			
1	潜水面镜	镜片通常为强化玻璃材质，鼻袋、边缘为软性材质，框架为硬性材质如高密度塑胶	面镜样式分类多样，常用三面型
2	呼吸管	42 厘米左右，口径在 2~2.5 厘米，通常由塑料圆管和硅胶咬嘴组成	
3	脚蹼（蛙鞋）	橡胶、塑料或混合材料	种类多样
个人装备			
1	泳衣		
2	浴巾		
3	水杯		
4	潜水日记本		
5	装备袋		
6	防晒霜、唇膏		
7	药品箱	常备药品	
8	身份识别卡	姓名、血型、紧急联系电话	
水肺装备			
1	潜水服	氯丁橡胶材料	
2	气瓶	常用材质有钢制和铝制两种，一般容积在 3~18 升，常见 10 升、12 升和 15 升，常见填充压力 206 bar	
3	浮力调节器（BCD）	常为背心式全气囊型	种类繁多，可根据功能、材质、重量和细节选购合适的浮力调节器
4	空气压力调节器		
5	潜水仪表		
6	配重带	铅片、尼龙带	

三、装备维护和保养

潜水装备的维护和保养是每位营员必须学习的内容，应注意以下方面：

（1）潜水装备在使用完成后用清水清洗干净，避免海水残留在表面和内部；浮力调节器清洗后，确认放尽浮力调节器里面所有的水，然后给它充一些气并挂起来晾干。

（2）清洗调节器之前，将调节器的防尘帽晒干盖好，有可能的话定期更换，避免水渗到调节器内部。

（3）晾干后，将调节器放置在阴凉、干爽且避免阳光直射处。

（4）小心保管潜水气瓶。

（5）潜水时用固定物让软管和压力表贴近你的身体以防止它们拖过尖锐的石头或珊瑚，同时防止被钩住或弄脏。

（6）定期检查面罩带、蛙鞋带、换气装置、调节器嘴和软管磨损的迹象，在阳光下这些装备容易老化和损坏，所以需要更换得比预期更频繁一些。

（7）装备在使用4~5次后或长时间没有使用时通常需要进行专业的维护和清洁。当在能见度低、充满杂质的水域使用结束时，也应当立即清洗，甚至需要全部拆开进行清洗，这需要找专业的维修商进行维护。

四、教学与活动的选址

（一）浮潜活动选址

几乎在任何水体中都可以浮潜，但是应该尽可能在波浪较少的地方进行。青少年营地课程首先可以选择在游泳池中进行，不会游泳的营员可在浅水区域活动，经过练习后再到深水区进行进阶操作；其次可在河湖区（1~4米深）进行。

（二）开放水域水肺潜水选址

选择潜水目的地，最好采用循序渐进的方式。初学者应主要考虑安全性，包括入水点平坦易操作、水面无船舶等障碍、潜水人员及游客少、水下无有伤害性的水生动物但生物具有多样性、交通便利的潜水地点。

五、潜水沟通与礼仪

在潜水过程中，经常会和其他人或团队共用同一潜水区域，一个团队的轻率举动很可能会影响到其他人。营地指导员作为青少年营员探索休闲潜水世界的引路人，潜水礼仪的教学应该起始于室内课堂，并在之后的平静水域训练中加以强化与重视。良好的潜水举止跟熟练的潜水技能、装备的熟悉度一样，都应该在营员去开放水域潜水训练点之前就掌握好。指导员在教授课程时，应该把潜水礼仪整合到教学内容中，这样才能让营员在以后的潜水过程中与其他潜水员良好地互动合作，并实践于整个潜水过程。

（一）潜水常用沟通手势

在水下，潜水员通常无法使用口头语言沟通，因此在潜水中有许多标准的沟通手势，这些潜水手势对所有潜水员都至关重要。限于篇幅，在此仅展示较为常用的 9 个沟通手势，具体如图 1-1-1 所示。

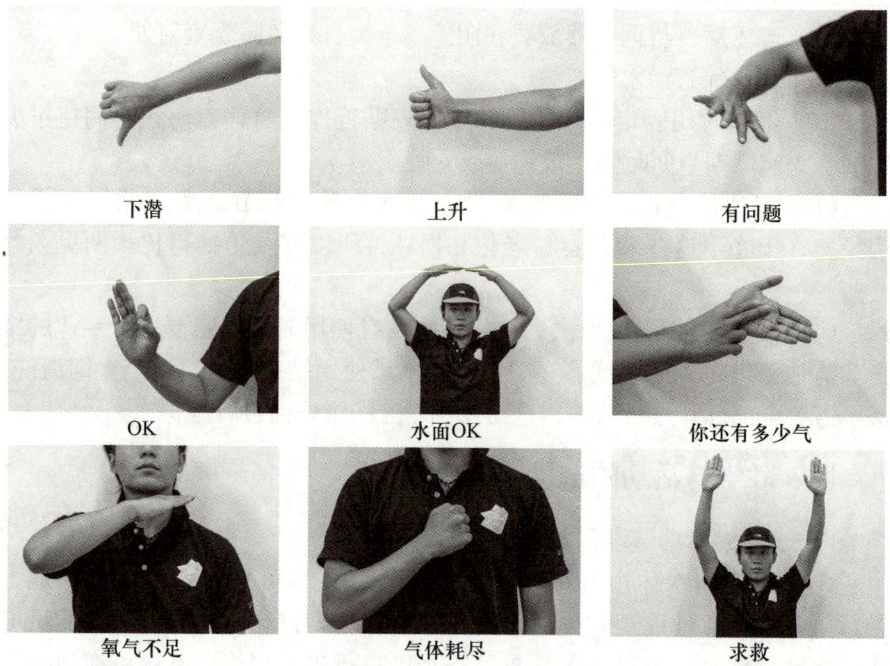

图 1-1-1　潜水常用沟通手势

（二）潜水基本礼仪

（1）无论是在潜水训练时，或是在开放水域，都需严格遵守预先的时间计划。

（2）注意公共场合的言行举止，做到行为稳妥；不使用任何带有冒犯性的言行，尽量减少噪音，不吸烟喝酒等。

（3）当与其他团队相遇时，应该与其领队进行沟通，相互谦让；不能擅自侵占潜水点和打扰其他团队，避免发生冲突和给对方带来麻烦。

（4）营地指导员应以身作则，展现出应有的职业素养，以防不当的言行给青少年营员造成不良的影响。

（5）保持潜水入水点和出水点的畅通，当营员做好入水前的准备后，逐一快速地通过入水口；出水时也应该遵守同样的程序，避免造成营员之间的意外碰撞及出入水点的拥挤和堵塞。

（6）个人装备放在指定位置，不能放在公共的码头或是通道上，以免绊倒已经穿戴好装备的潜水者。

（7）练习中性浮力技巧，停留在开放水域训练场地的海底时要控制自己的动作，避免卷起淤泥影响能见度，让所有其他团队安全地享受他们的潜水。

（8）在潜水过程中，始终紧跟引导者，不得漂离团队，以防造成与其他潜水员之间的意外接触，避免不小心混入其他团队，甚至其他更糟糕的情况（比如走失走散）发生。

（三）潜水员的环保意识

（1）在潜水点抛船锚时，应远离珊瑚礁；避免在潜水过程中触碰珊瑚或其他水下生物。

（2）掌握正确的浮力控制方法，确保停留在开放水域训练场地的水底时能控制自己的身体，不触碰珊瑚或其他水下生物。

（3）当距离水底较近时，注意不让脚蹼踢动或搅动水底沉积物。

（4）不采集水下生物。

（5）不乱扔垃圾，尽可能将自己的垃圾随身带走。

（6）保管好所带装备，以防伤害水下生物。

六、风险管理

（1）在青少年营员参加潜水之前应进行身体检查，确认无不宜参加潜水运动的疾病，获得医生批准后方可参与；患有心脏病、高血压、糖尿病、耳鼻疾病、感冒，以及醉酒后的人不能进行潜水运动。

（2）必须使用具有安全保障的装备，教学人员应受过专业训练或取得相关教练资质。

（3）潜水期间保持适当饮食和充足的睡眠。

（4）注意与潜伴沟通，相互进行下水前的安全检查：浮力调整装置、配重带、快卸扣、空气供应等；在训练过程中，随时保持与潜伴在一起；潜水者应该养成一种习惯，即使正常状态下，也要保持与潜伴之间的沟通。

（5）应充分了解潜水地的情况，以便更好地评估潜在的风险。

（6）“潜水者病”是潜水运动中最常发生的危险。由于水底的水压较高，所以当潜水者想从水底上升到水面时应将速度控制在每分钟 18 米内，并持续缓慢呼吸，这可以有效避免由于高压而溶解在血液中的大量气体快速地释放形成气泡。否则当这些气泡循环到小血管时，会形成气栓塞，阻碍血液的流通，有些气泡甚至会停在肺泡内，因空气膨胀使肺泡破裂。

七、课程计划

青少年营员通过本次潜水的学习，应达到掌握初级潜水员的必备基本知识和潜水技能的目标。本课程建议8岁以上营员参加，每个学习单元都需提供技术纠正环节，以便初级、中级和高级的营员都能有机会学习新的技能并改进以前的技能；营地指导员应根据营员的技能水平（初级、中级和高级）制定个性化的教学内容。如果营期结束时要为营员颁发专业潜水证书，如PADI，则需按相关证书发放的培训课程体系进行教学。本书为体验式潜水，教学内容做了精减。

本教材为营地开展潜水运动制定了一份推荐课程表（表1-1-2），按常见的一周时间安排了各单元的教学内容，供营地管理者和营地指导员参考。

表1-1-2 营地潜水运动课程表

<table>
<tr><th colspan="2">时间</th><th>第一天</th><th>第二天</th><th>第三天</th><th>第四天</th><th>第五天</th><th>第六天</th></tr>
<tr><th colspan="2">主题</th><th>抵达开营</th><th>初识潜水</th><th>潜水初体验</th><th>水底漫游</th><th>海洋探索</th><th>顺利返程</th></tr>
<tr><td>早餐</td><td>8:00—8:30</td><td>抵达营区</td><td>早餐</td><td>早餐</td><td>早餐</td><td>早餐</td><td>早餐</td></tr>
<tr><td>上午</td><td>9:00—11:30</td><td>开营仪式（团建/分组/营规/目标/熟悉营区）</td><td>装备认识与组装（基本装备/个人装备/水肺装备组装）</td><td>调节器排水/调节器寻回</td><td>中性浮力/悬浮</td><td rowspan="3">开放水域潜水体验</td><td>结营仪式（回顾/授勋/分享/合影）</td></tr>
<tr><td>午餐</td><td>12:00—14:00</td><td>午餐+午休</td><td>午餐+午休</td><td>午餐+午休</td><td>午餐+午休</td><td rowspan="4">顺利返程</td></tr>
<tr><td>下午</td><td>14:30—17:00</td><td>泳池适应性游泳及水性测试</td><td>浮潜技巧练习</td><td>面镜排水/面镜脱着</td><td>中性浮力游动</td></tr>
<tr><td>晚餐</td><td>17:30—18:30</td><td>晚餐</td><td>晚餐</td><td>晚餐</td><td>晚餐</td><td>晚餐</td></tr>
<tr><td>晚上</td><td>19:00—20:00</td><td>观看海洋电影《海洋》/《海洋仙境》</td><td>理论知识和室内活动（物理/生理学/心理安全）</td><td>海洋环保纪录片</td><td>篝火晚会（露营/才艺展示/分享）</td><td>营地嘉年华（游戏/休息调整）</td></tr>
</table>

营期课程学习计划可安排如下：

第一单元：潜水运动基本理论

本单元将学习潜水过程中涉及的物理、生理及相关医学知识，是帮助营员了解水底环境及特征，引起潜水兴趣和进行科学安全潜水的重要一课，并始终贯穿在整个课程学习期间。

第二单元：潜水运动装备与器材

潜水装备是潜水所必需的，本单元将学习潜水装备的使用，使营员能熟练掌握水肺装备的组装及拆卸，为营员后期进行潜水技能训练做准备。

第三单元：浮潜技术

浮潜是潜水运动最基础的技能，本单元学习内容包括浮潜前准备，装备与着装准备，面镜头带调整、面镜除雾及面镜排水技术，呼吸管固定、呼吸及排水技巧，脚蹼鞋套调整、水中站立技巧、踢腿法及充气站立技巧等，以便营员更好掌握浮潜技能，为以后的自由潜水打下坚实基础。

第四单元：平静水域潜水技术

本单元将学习平静水域潜水的七个技能，包括调节器排水、调节器寻回、面镜排水、面镜脱着、中性浮力、悬浮以及中性浮力游动等技巧。体验营营员只需学会以上七个技巧即可在指导员的带领下到开放水域进行下潜。

第五单元：营地潜水运动综合实践

营员在平静水域掌握基础技能之后进行开放水域潜水，一方面可以提高营员潜水的体验感，另一方面可以巩固平静水域潜水技巧并学会开放水域潜水的情景应对，如潜水环境评估、潜水前装备穿着与检查、在不平整的岸区入水和上岸、水面游动及开放水域自由下潜与上升等。本单元学习中，营员需全程在指导员的带领下完成。

第二节　潜水运动基本理论

潜水给人带来的感受是神奇和美妙的，但水和空气是两种不同的物理介质，潜水者在潜水时会产生与陆地上完全不同的身体感受。同时，水的压力也会使潜水者面临如耳朵疼痛等问题，这些问题将会直接或间接影响潜水者的生理和心理活动。因此，学习必要的与潜水相关的物理、生理及医学知识，是青少年潜水者了解水底环境及特征，进行科学安全潜水的重要一课。

一、知识要点

（一）潜水环境

（1）影响潜水的六个因素：温度、能见度、水流、水底结构、水中生物、阳光。

（2）可以潜水的环境包括但不限于：温带海洋水域、湖泊与水坑、河流、水泉、水塘。

（3）潜得越深，水温越低，压力越大；在其他因素不变的情况下，潜得越深，越需要保暖。

（4）光照强度是潜水点极为重要的潜水因素，其不仅会对水下的能见度产生直接影响，更重要的是它也是可能对潜水者造成伤害的不可忽视的原因。

（5）海洋生物很少会主动靠近或攻击潜水者，潜水者被海洋生物伤害的原因是海洋生物出于自我防御所致。

（二）潜水物理学知识

（1）水压与空气体积的影响：海平面和陆地上的压力为 1 个大气压（简称 1bar），每增加 10 米水深，增加 1bar，压力的改变会影响空气的密度和体积。

（2）通常人所呼吸的空气由 21% 的氧气和 79% 的氮气组成；休闲潜水携带的气瓶中，氧气比例通常为 32%~36%，不得超过 40%。

（3）1662 年英国化学家波义耳提出了波义耳定律：恒温条件下，一定质量的理想气体的体积与其压强成反比。潜水时，随着下潜深度的增加，气体密度和压强增加，潜水者呼吸阻抗和输气系统阻抗均会相应提高，因此潜水者下潜越深，就会感觉呼吸阻力越大。

（4）在下潜过程中水的浮力会抵消人的重力，使人漂浮在水中；水将物体向上推的力量等于物体排开水的体积；浮力的大小和水的密度有关，海水富含矿物质，密度较大，因此海水的浮力比淡水的浮力大。在潜水过程中可以通过呼吸、浮力调节器和配重系统来控制浮力，浮力一般分为正浮力、中性浮力和负浮力。

（5）水能够反射、散射和吸收光线，深度越深光线越暗。水中光线的颜色会因水深不同光线被有选择吸收而变化，其基本规律是，波长越大的光线越早被吸收，根据波长不同吸收效果不同的原理，按照红色、橙色、黄色、绿色、蓝色的顺序呈现。

（6）潜水时为了能清楚视物需戴上面镜，由于光线在空气和水的界面处会产生折射，所以潜水者在水中看到的任何物体都比实际体积要大，视线距离也比实际距离要近——约为实际距离的 3/4。

（7）声音在水中的传播速度更快，距离更远，所以潜水者在水中很难依靠听觉来判断声音来源的方向和位置。

（8）人体在水中散失热量的速度要比在空气中快，所以潜水时穿着潜水服可以有效减少身体热量的散失，有利于维持体温。

（三）潜水生理和医学知识

（1）潜水时潜水者的耳朵、鼻腔和面镜会受到压力增加的影响。在下潜过程中可以通过捏鼻鼓气法或者吞咽法来平衡耳压，通过鼻子呼气到面镜中平衡面镜压力，鼻腔压力一般不需要专门平衡。

（2）在潜水前应避免抽烟和喝酒。奋力游泳、搬运装备、攀爬梯子、长时间穿戴装备行走和潜水服过热等容易造成心脏和血管压力增大。

（3）潜水时，随着深度的增加，水压不断增大，体内空腔或装备形成的密闭空间会受到挤压，如果无法达到平衡将会对人体造成挤压伤害；水压会对人体生理机能造成严重影响，使潜水者产生氮麻醉、减压病等潜水疾病。

（4）减压病是由于在潜水时压力增加，溶解在身体里的氮气增加，潜水结束后，如果氮气溶出的速度比身体自然排出的速度快，气体在血管、组织中形成气泡就会产生类似血栓塞的严重疾病。在潜水中应该遵循相关安全规则来避免减压病的发生：如在极限内潜水、安全停留、使用电脑表、使用休闲潜水计划表控制潜水上升速度不超过 18 米 / 分钟。

（四）潜水心理知识与安全潜水

（1）在潜水前做好面对水下环境不可知性、不确定性的心理准备，确保自己不会在潜水时因遇到不常见的环境刺激操作失误。

（2）使用水肺潜水时要遵循持续呼吸、不憋气的重要规则。在水中要持续缓慢、深长呼吸，绝对不能憋气，也不要大口喘气。当遇到问题时停下来，保持或重新建立缓慢、深长的呼吸。

（3）在潜水过程中应遵循潜伴制度，即任何时候都不单独潜水，最少和 1 位以上的其他潜水员共同潜水。潜伴制度包括共同计划潜水、互相检查对方的着装和装备、提醒对方潜水时间和深度限制以及发生问题时互相帮助，能有效降低潜水的风险，有利于潜水员更好地完成潜水目标。

（4）在潜水前要做好心理和身体的准备，保持良好的身体及精神状态，建立安全潜水计划，并在自己最大承受范围内潜水。

二、教学要点

（1）PPT 讲解配合视频，或者故事情景导入，调动营员积极性的同时能让其更加清晰地知道使用情景。

（2）对潜水理论知识的学习能帮助营员更好地进行潜水，通过案例讲解让营员意识到潜水相关理论的重要性。

（3）理论知识较为枯燥，在上课时要充分调动营员的学习积极性。

三、课后小测试

（1）潜水员在水中潜水时，其所受到的压力变化规律是什么？

（2）让营员进行耳压平衡的捏鼻鼓气法或者吞咽法练习，指导员观察之后给出建议。

（3）压力对潜水者身体有哪些影响，水中呼吸原则是什么？

（4）在水中如何通过呼吸、浮力调节器和配重系统的调整来达到中性浮力状态？

（5）在潜水过程中应如何遵循潜伴制度？

第三节　潜水运动装备与器材

一、潜水运动装备

潜水运动装备能帮助人们更好地探索水底世界，主要分为个人装备、浮潜装备以及水肺装备。了解各类潜水装备，掌握其使用方法，是营员学习潜水的重要一课。

（一）知识要点

1. 个人装备

（1）泳衣和水母衣：初学潜水可以穿泳衣或水母衣，但在开放水域潜水或下潜很深时最好穿专用潜水服。

（2）浴巾：离水上岸之后可以使用。

（3）水杯：运动后需要补充水分，尽量饮用温水，遵循少量多次原则；在水杯上明确标示营员的姓名。

（4）潜水日记本：用来记录潜水经历及每日学习重点。

（5）装备袋：专门用来放置潜水用品、设备；贵重物品最好随身携带。

（6）防晒霜和唇膏：根据需要选配。

（7）药品箱：备有创可贴、晕船药、感冒药、止泻药等常用药。

（8）身份识别卡：标注有营员姓名、血型、过敏史和紧急联系方式等。

2. 浮潜装备（图 1-3-1）

（1）面镜：潜水面镜的镜片一般为钢化玻璃，它能帮助潜水者在水下清晰视物。与普通防水镜不同，潜水面镜设有鼻囊，便于平衡压力和防止鼻腔进水。一般潜水面镜分为单镜片和双镜片，双镜片可配近视或远视镜片。

（2）呼吸管：呼吸管通常在浮潜时使用，可以帮助人们浮潜时在水中呼吸而无需将头露出水面，便于欣赏水下景物。

（3）脚蹼：也称蛙鞋，为潜水者在水下提供动力。与游泳不同，潜水者在水下大多通过腿部的摆动来实现移动，双手通常需要进行调节设备、拍照等操作。脚蹼分为套脚式和开后跟式两种，使用开后跟式脚蹼时需穿上潜水鞋，可根据实际情况选择使用。

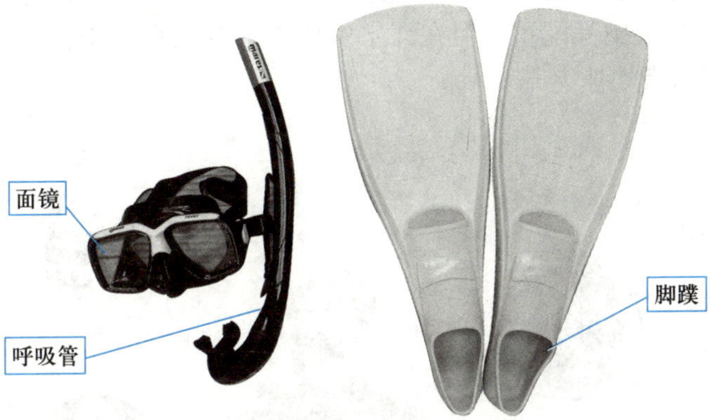

图 1-3-1　潜水三宝（面镜、呼吸管、脚蹼）

3. 水肺装备（图 1-3-2）

（1）潜水服：潜水服的主要用途是在水下为潜水者提供保护和保暖，避免身体被尖锐物刮伤或遭到水螅等水下生物的蜇刺，同时可以防止在水面被晒伤。即便是在温度较高的地区进行潜水，最好也要穿上相应的潜水服。因为水下的温度会随着深度的加深越来越低，而潜水运动并不像其他剧烈运动一样给人体带来温暖，所以在潜水时穿着合适的潜水服非常有必要，它可以帮助潜水者避免因寒冷造成的疲倦、反应迟钝、肌肉抽筋等现象。

（2）浮力调节器（BCD）：浮力调节器主要用途是帮助潜水者调节潜水时的浮力，上升时通过充气可以使潜水者缓慢上升和漂浮在水面上，在下潜时通过排出浮力调节器内的空气以缓慢下沉，潜水者还可以通过调节浮力调节器和呼吸在水中达到中性浮力状态。

（3）气瓶：气瓶的主要用途是为潜水者在水下提供氧气，里面通常装的是高压的空气或混合气体。为确保安全，气瓶应定期送到专业机构检验。

对潜水爱好者来说，无需自行购买气瓶，到专业潜水店租用即可。

（4）空气压力调节器：空气压力调节器主要用于调节气瓶内的压力，以便潜水者能吸入气瓶内的气体，因为气瓶内的高压气体是不可以直接吸入的。空气压力调节器主要由连接浮力调节器的一级头和用于呼吸的二级头组成，通常潜水者都配有一个备用的二级头。

（5）潜水仪表：潜水仪表通常包括压力表、深度表、罗盘、潜水计时表等，主要协助潜水者在潜水时了解下潜时的压力、深度、方向及时间等，使潜水者更加了解自身的潜水情况。

（6）配重和配重带：配重和配重带的主要作用是帮助潜水者平衡浮力与压力，使潜水者在潜水过程中能自由下潜，配重通常采用铅制，与配重带组合拴在潜水者腰上，如遇到紧急情况需要立即上升时，潜水者可以迅速解开配重带，抛弃配重。但在深水中快速上升至水面非常危险，所以一般不建议潜水者快速上升。

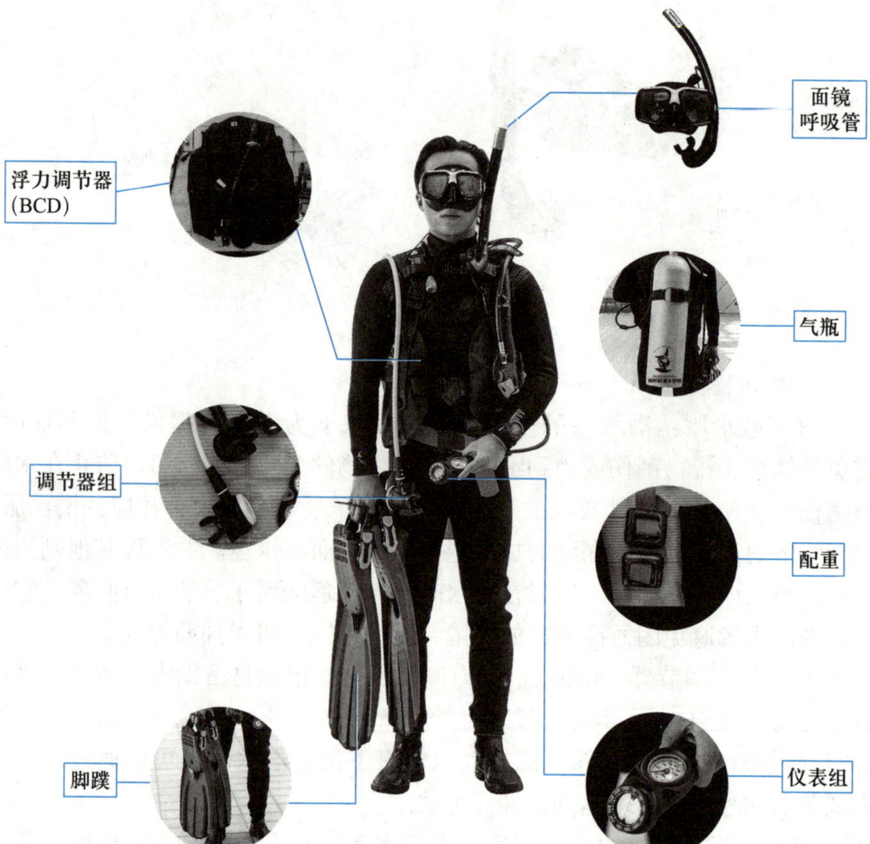

图 1-3-2　水肺潜水装备示意图

（二）教学要点

（1）用通俗易懂的方法讲解，保持轻松愉快的学习氛围。

（2）让营员学习如何处理和使用装备，并且进行实际操作。

（3）向营员介绍装备使用方法，并且讲解在装备出现问题时应如何紧急应对。

（4）在教学过程中留足够的时间给营员提问。

二、水肺装备的选择

在潜水过程中，水肺装备是潜水员的生命保障，正确选择水肺装备非常重要。

（一）知识要点

（1）选择水肺潜水装备时主要考量合适、合身和舒适。

（2）选择水肺潜水装备次要考量是价格和功能、保养与售后维修、颜色与样式及配件。

（二）教学要点

（1）向营员详细介绍需要使用的水肺装备的结构、作用、使用方法。

（2）教学时拿出不同规格的实际水肺装备帮助营员更加直接体验装备。

三、水肺装备组装

水肺装备是潜水员在水下的生命保障，水肺装备的组装对潜水来说非常关键。通过教授基本的组装知识和让营员不断尝试组装，最终在确保安全的前提下高效而快速地组装装备。

（一）技术要点

（1）检查气瓶。轻轻打开气瓶阀，检查气瓶空气是否有异味，如果有异味则要停止使用。

（2）将所有装备按顺序摆放，气瓶在最下面，背架连着浮力调节器在上面，调节器用浮力调节器包着放在浮力调节器上面，配重带横放在浮力调节器上面固定，蛙鞋放在气瓶两侧。

（3）组装气瓶与浮力调节器，气瓶阀的排气口方向正对浮力调节器，浮力调节器背架带套在气瓶上扣紧。

（4）检查调节器。取下调节器防尘盖并检查过滤网，没有异常即可装上气瓶。左手抓住一级头，右手拿着二级头进行组装，完成后，主、备用二级头气管在右边。

（5）调节器上低压气管连接组合在浮力调节器充排气管上。

（6）打开气瓶阀，左手握着三用表，表面朝外，打开气瓶阀排气活门，完全打开之后回半圈或一圈，检查压力表的刻度、查看气瓶内空气存量是否正常（高于 150 bar）。

（7）短按充排气按钮，试试气流是否正常流畅。

（8）检测浮力调节器充排气功能，可用口吹或动力充气的方式进行检测。

（9）选择合适的配重。一般配重为自己体重的十分之一最为理想，使用时将配重带平整置于身后，然后身体微微前倾缓慢将配重拿起放在腰部位置，调整配重带至长短合适，通常摆在背后铅块的位置刚好在胯骨两侧。

（10）背上水肺装备，以头部上仰不易碰到气瓶开关为宜。

（11）潜伴之间相互检查装备组装和穿戴是否有误。

（二）教学要点

（1）注意水肺装备一定要正确摆放，然后逐步穿戴，避免错穿漏穿。

（2）组装时注意气瓶高度，避免入水之后气瓶头会顶住后脑勺。

（3）将气瓶与浮力调节器固定时，注意绑带的松紧度，过松容易导致气瓶脱出，过紧则可能出水时导致气瓶阀撞头。

（4）在营员进行了初步学习之后，给予营员足够的时间进行地面操作装备练习。

（5）讲解装备使用过程中的注意事项，提醒营员在操作过程中可能出现哪些错误操作，以及错误操作会有怎样的后果，该如何避免。

四、水肺装备拆卸

潜水结束后往往容易忽略对水肺装备的拆卸和整理，但水肺装备拆卸是潜水过程中非常重要的一步。潜水结束后对水肺装备进行拆卸和整理有利于装备的保养，并能确保下一次潜水开始时井然有序。

（一）技术要点

（1）先关掉气瓶阀切断空气来源。

（2）按下主、备用二级头上的排气按钮把气管内的空气排出。

（3）按下充排气阀的排气按钮将浮力调节器中的空气完全排出。

（4）卸下浮力调节器充排气阀上面连接的低压气管。

（5）卸下呼吸调节器。

（6）用气瓶中的空气将防尘盖吹干。

（7）装回防尘盖，卸下背架带，将浮力调节器放回原位。

（8）清洗浮力调节装置，将所有物品放回原位。

（二）教学要点

（1）注意拆卸过程中的拆卸顺序，一定要先关闭气瓶阀，务必将浮力调节器中的空气完全排出。

（2）记得盖好防尘帽，否则水会进入一级头。

（3）将调节器悬挂晾干，悬挂时注意不要压到一级头的软管。

（4）注意不要挤压拆卸下来的装备，不要将其放在潮湿的地方，应注意妥善保存。

（5）分组进行组装和拆卸水肺装备比赛，观察营员在紧张状态下的组装和拆卸情况，并对水肺装备组装及拆卸注意事项进行总结，加深营员印象。

五、风险管理

（1）注意教学场地的安全管理，排除隐患。

（2）教学过程需要使用的装备在课前要全部检查试用一遍，特别是气瓶及仪表。

（3）维护好课堂秩序，避免营员在体验时发生吵闹、争抢等情况。

（4）课堂规范严格，营员不得单独行动。营员必须在营地指导员监督下使用装备。

（5）确保营员完全熟悉设备并且使用有质量保障的设备。

六、课后小测试

（1）抽查营员对装备的认识及使用范围的掌握。

（2）水肺潜水主要有哪些？装备选择首要原则是什么？

（3）水肺装备组装与拆卸有哪些注意事项？

第四节 浮潜技术

浮潜是利用面镜、呼吸管和脚蹼尽可能漂浮在水面观看水下景观的运动，是自由潜水的基础技能，想要更安全、更高效、更快乐地潜水，还需要经过专门的自由潜水学习。在浮潜过程中，即使已经根据自己的脸型选择了合适的面镜，但由于外部因素导致面镜进水的情况总是无法避免，而呼吸管也非常容易进水，如配戴的角度不对或遇到稍大的波浪都会导致水进入呼吸管。因此学习面镜和呼吸管排水的技巧，将水自面镜及呼吸管中排出后继续进行呼吸的动作非常重要。

一、技术要点

（1）浮潜前准备，包括装备与着装准备。

（2）调整面镜带、面镜除雾、脚蹼鞋套调整及固定呼吸管。

（3）呼吸管呼吸练习。入水前，营员用嘴唇包裹呼吸管咬嘴，牙齿轻轻卡住呼吸管牙槽。营员入水后躬身使头部及耳朵没入水中，呼吸管上沿露出水面，使用嘴巴吸气吐气进行3~5分钟呼吸练习。

（4）呼吸管排水技巧练习。在水中微微吸一口气，将呼吸管从口中拿出，使呼吸管咬嘴进水，再将咬嘴放入口中，用力将肺部空气吹入呼吸管中，空气会使呼吸管中积水从呼吸管上沿排出。

（5）水中站立及行走练习。由于穿着脚蹼的缘故，在水中行走时应该侧着或者倒退着行走。

（6）脚蹼踢动练习。沿池壁站立，双手搭在池边，两臂伸直，肩膀放松，趴在水中让身体自然漂浮在水面上，下巴微微抬起看向自己的指尖，两腿交替垂直向水中约45度踢动。踢动时膝盖微微弯曲，脚踝及脚尖朝后绷直。建议30个踢动为一组进行练习，直至动作协调后再开始在水面游动练习。

二、教学要点

（1）注意营员使用面镜及呼吸管呼吸时是否能正确区分用鼻子和用嘴巴呼吸，如果营员面镜不断出气，应及时纠正。

（2）练习水面脚蹼踢动时，应注意营员膝盖是否出现大幅度弯曲，类似踩单车的动作，踢动频率不宜过快，动作幅度自然舒展。

（3）可以分组进行200米脚蹼踢动接力比赛，但一定要把控好现场的安全风险。

三、风险管理

（1）教学场所选址：应在无船舶、潜艇等通行的水域。

（2）营员必须始终在指导员的可视范围内进行活动。

（3）营员在自行练习时如有不适，及时告知指导员并进行相应调整。

（4）在整个练习过程中必须注意指导员与营员人数配比。

四、课后小测试

（1）浮潜装备有哪些，应如何进行浮潜前准备？

（2）呼吸管进水后，如何将水排出？

（3）脚蹼踢动及水中站立技巧注意事项有哪些？

第五节 平静水域潜水技术

一、调节器排水

在水中呼吸时，调节器不小心从口中滑出或感觉呼吸道干涩时，我们需要使用调节器排水技术将调节器中的积水在水下排出。其主要方法有猛吹法和按压法两种。当我们肺部有足够的空气时一般使用猛吹法排水，当调节器放回口中时我们肺部没有足够空气则需要使用按压法。

（一）技术要点

（1）猛吹法排水练习。微吸一口气后在水中将二级头从口中拿出，嘴里持续吐出不间断的小气泡，再将二级头放入口中，用力将肺部剩余空气吹入二级头，将水排出。

猛吹法排水

（2）按压法排水练习。微吸一口气后在水中将二级头从口中拿出，嘴里持续吐出不间断的小气泡，再将二级头放入口中，用舌头抵住上腭防止排水时呛水，然后按压二级头上的排气按钮，将水排出。

按压法排水

（二）教学要点

（1）二级头离开口后，营员应该立刻吐出持续不间断的小气泡，防止养成憋气的坏习惯。

（2）离开口的二级头出气口应朝下放置，以免排气开关被水的压力打开不断漏气。

（3）技术练习过程中注意营员是否有使用鼻子出气的情况。

二、调节器寻回

在能见度不够高的情况下潜水时，如果口中的调节器不慎被石头或珊瑚丛刮掉，那么我们需要使用调节器寻回技术寻回调节器。一般情况下使用绕臂寻回法即可寻回调节器，但当二级头落在气瓶头与头部之间时则需要使用顺管摸索法。

（一）技术要点

（1）绕臂寻回法。吸一口气后将二级头从口中拿出，嘴里持续不间断吐出小气泡。右手将二级头朝身体右侧丢开，身体微微往右侧倾斜右臂朝前方伸直，手臂下垂扫过大腿，右手触及大腿后继续往后伸摸到气瓶底部为止，继续用力由后往前伸展划圈，直到右臂回到自己的面前。用左手顺

绕臂寻回法

着右手小臂向上摸索找到二级头管线，然后将二级头放回口中并排水。

顺管摸索法

（2）顺管摸索法。吸一口气后将二级头从口中拿出，嘴里持续不间断吐出小气泡。右手将二级头放置在脑后，左手抬起气瓶底部或者抬起BCD肩部，右手从肩部用力向后伸展直到摸到自己的一级头，顺着一级头找到最靠近右手的管线就是我们的二级头管线，然后将二级头放回口中并排水。

（二）教学要点

（1）指导员要靠近正在练习技术的营员，右手放置在备用气源上，随时准备应对营员在练习过程中呛水或者找不到二级头的情况。

（2）二级头离开口后，营员应该立刻持续不间断地吐出小气泡，防止养成憋气的坏习惯。

（3）离开口的二级头出气口应朝下放置，以免排气开关被水的压力打开不断漏气。

（4）在做技术示范时，指导员应尽可能做得慢些，以便让营员看清每个步骤的细节。

三、面镜排水

面镜排水

在水中由于温差或长时间潜水，我们的面镜可能起雾，这时可以选择将水放入面镜中除雾，这就需要用到面镜排水技术。

（一）技术要点

（1）在水中将面镜上沿微微拉开让水顺着缝隙进入面镜，头微微抬起45度左右，同时保持用嘴呼吸。

（2）双手食指抵住面镜的上沿，拇指将面镜的下沿与面部分离出一点缝隙即可，保持用嘴正常呼吸。

（3）用嘴吸气，用鼻子将空气缓缓喷入面镜，空气会将水从面镜中压出，这样就能排掉面镜里的水。

（4）水快要排干时向上看继续喷气，让水能顺利排干。

（二）教学要点

（1）在营员将水灌入面镜时，注意让营员将面镜从上沿拉开，防止呛水。

（2）营员在排水过程中很难区分出是嘴巴出气还是鼻子出气，如果发现他在用嘴巴出气，可以通过捏鼻子的方式帮助区分。

（3）练习过程中，如果营员出现呛水，急于冲出水面的动作，指导员应该及时制止并帮助其重新建立水中呼吸。

四、面镜脱着

面镜脱着是潜水运动常用的技术之一，当在水中遇到面镜不慎脱落或需要在水中拍照时，面镜脱着技术将帮助我们脱下和重新戴回面镜。

面镜脱着

（一）技术要点

（1）在水中将面镜上沿微微拉开，让水顺着缝隙进入面镜，同时保持嘴巴呼吸。

（2）水全部进入面镜后慢慢将面镜取下并拿在手中，此时头部微微往右侧倾斜，防止呼出的气泡冲入鼻腔，尽可能保持无面镜呼吸 30 秒左右并将眼睛睁开。

（3）将面镜戴回时，应先用手确认一下面镜的鼻套是否朝下，戴回面镜的过程中不要让面镜的边缘压住头发。

（4）带上面镜后检查面镜带是否翻折，最后进行面镜排水。

（二）教学要点

（1）在营员将水灌入面镜时，注意让营员将面镜从上沿拉开，防止呛水。

（2）营员在排水过程中很难区分出是嘴巴出气还是鼻子出气，如果发现其在用嘴巴出气，可以通过捏鼻子的方式帮助区分。

（3）面镜戴回过程中，注意营员是否出现面镜戴反、未整理面镜裙边和面镜带的行为，若有及时纠正。

（4）练习过程中，如果营员出现呛水急于冲出水面的动作，指导员应该及时制止并帮助其重新建立水中呼吸。

（5）面镜穿戴过程中，让营员先整理好头发与面镜带再进行排水，整个技术过程中应该缓慢放松，如果营员出现紧张害怕等动作可以让他先不佩戴面镜，趴在水面进行几分钟的无面镜呼吸练习后再次尝试。

五、中性浮力

中性浮力即物体排开水量的重量和物体本身重量相等，物体会悬浮于水中，达到中性浮力。潜水时保持良好的中性浮力，不仅能更好地享受水下世界的乐趣，同时也是对环境友好，对其他潜友表达尊重的必要技术。在水中需要学会使用肺部进行主要的浮力控制，而不是频繁地调整浮力调节器。许多初学者非常容易犯不断充气排气和手撑在池底而头部露出水面的错误，营地指导员应耐心引导，让营员不断练习最终掌握该技术。

中性浮力及游动

（一）技术要点

（1）开始练习中性浮力时，首先将浮力调节器内的空气排空，然后趴在池底。

（2）少量向浮力调节器内点充空气，每充气一次嘴巴呼吸一次，同时感受身体的浮力变化，如果没有向上漂浮的感觉继续点充空气，直到吸气后身体开始向上漂浮则停止充气。

（3）两臂交叠在胸口趴在池底，双腿伸直。

（4）以脚蹼尖为支点，吸气让自己向上漂浮，吐气让自己慢慢回落。

（5）眼睛以池底为参照物，上升过程中头部不要出水，回落时不要接触到池底，反复感受用呼吸控制惯性。

（二）教学要点

（1）营员在开始技术练习时，要把浮力调节器空气完全排干，充气时注意是否点充，每次充气后要进行一次完整的呼吸。

（2）技术练习过程中，营员要将池底作为参照物，能够做到一次吸气明显上升，一次吐气明显回落，并且熟练控制惯性。

六、悬浮

悬浮

当在水中拍照或做上升时五米三分钟安全停留都需要用到悬浮技术，悬浮技术能让潜水者在水中的某一高度保持悬浮状态。

（一）技术要点

（1）开始练习中性浮力时，首先将浮力调节器内的空气排空，然后坐在池底。

（2）少量向浮力调节器内点充空气，每充气一次嘴巴呼吸一次，同时感受身体的浮力变化，如果没有向上漂浮的感觉继续点充空气，直到吸气后身体开始向上漂浮则停止充气。

（3）眼睛看向池底以池底为参照物，同时盘腿双手拎起自己的脚蹼尖，吸气让自己慢慢上升到距离池底大约一个手掌的高度，头部不可以露出水面，脚蹼和气瓶不可以触碰水底。

（4）通过快速收缩肺部或者少量的呼吸使浮力达到完全的中性浮力，即可固定在水中的某一高度。

（二）教学要点

（1）营员在练习悬浮技术时，主要让他们自己感受如何去控制浮力产生的惯性，并学会将惯性的影响控制到最小。

（2）指导员可以用手势的方法帮助营员控制惯性，告诉营员在哪个点开始吐气和吸气。

七、中性浮力游动

在潜水过程中，能够熟练控制掌握中性浮力和游动的节奏决定了能否更好地享受潜水，中性浮力游动也是一名潜水员是否具备进阶资质的重要表现。

（一）技术要点

（1）将浮力调节器内的空气排空，然后趴在池底。

（2）少量向浮力调节器内点充空气，每充气一次嘴巴呼吸一次，同时感受身体的浮力变化，如果没有向上漂浮的感觉继续点充空气，直到吸气身体开始向上漂浮则停止充气。

（3）开始吸气让身体漂浮到水中，同时开始踢动脚蹼向前游动，游动的过程中双手可以自然地放在身体的两侧或者向前伸展，每一次呼吸配合一次脚蹼踢动。

（4）游动时如果开始感到身体下落，则需要吸气并等到浮力开始将身体往上提才可以吐气；反之当开始感到身体上升时，需要快速将肺里的空气吐干，并等到身体开始回落时才可以开始吸气。

（5）反复练习，直到可以在水中长距离平稳地游动。

中性浮力及游动

（二）教学要点

（1）营员刚开始练习游动时，指导员可以用手势告诉营员呼气与吐气的时机。

（2）当营员找到呼吸的节奏后就可以让他们以池底为参照物，自己反复练习游动。

（3）注意营员在游动时的呼吸频率以及脚蹼踢动不宜过快，防止抽筋，出现错误动作时及时纠正。

（4）可以通过课堂问答或者小组讨论的形式对课程相关内容进行回顾，加深营员印象。鼓励营员写日志，以便更好地回顾当日所学内容。

八、风险管理

（1）入水前一定要确认水面无人、水底无障碍物以及水足够深，以免撞击受伤。

（2）在平静水域练习时确保每位营员都在视线范围内，在所有技术教授和练习过程中，保证给营员适当的指导。

（3）营员在得到指导员的许可之前不得私自下水。

（4）指导员在与营员相处时确保至少有两位成人在场，要充分尊重营员隐私，只有在危及营员健康和安全时才予以介入。

（5）做好救援工作准备。

（6）潜水技术教学时还必须遵守潜水系统的其他一般原则。

九、课后小测试

（1）调节器排水有哪两种方法，注意事项分别是什么？

（2）调节器寻回有哪两种方法，注意事项分别是什么？

（3）中性浮力、悬浮及中性浮力游动过程中如何控制呼吸？浮力调节器如何充排气？

第六节　营地潜水运动综合实践

在开放水域潜水可以提高营员潜水体验，同时帮助营员学习到平静水域中无法学到的技能，还能检验营员在平静水域的学习成果。

一、技术要点

（1）开放水域潜水环境评估。

（2）在潜水前独立完成潜水装备的穿戴和检查。

（3）在不平整的岸区入水和上岸。

（4）在开放水域水面游动练习。

（5）在开放水域下潜和上升。

二、教学要点

（1）讲解影响潜水的各事项，天气、水温、水底结构、波浪、深度、该区危险障碍以及其他会直接影响到潜水的事项；讲解如何评估入水和上岸的地点、程序和计划，以决定是否能在该处安全地潜水。

（2）不好的着装时机和顺序，会造成些许挫折、疲累、喘气和过热。讲解如何选择正确的着装时机、着装顺序；让每位营员进行实际操作，纠正不恰当的地方；并且对这些可能遇到的问题进行重点讲解和给出相应的应对策略。

（3）讲解该潜水地点的适当入水方法、在开放水域入水或出水时通过轻微的碎浪区的应对技巧、如何观察波浪并注意浪破碎的地点和频率；如何尽快通过碎浪区，以及在波浪快打到你身上时的应对技巧；判断尽快离开碎浪区的时机；讲解在碎浪区如何到达下潜地点；讲解出水技巧和入水技巧的不同之处。

（4）讲解在开放水域水面游动和在平静水域水面游动的不同之处、开放水域可能会遇到的状况以及在开放水域水面游动的技巧和建议；讲解在开放水域水面游动的注意事项、在开放水域水面游动时如何确定定位点。

（5）讲解开放水域下潜和平静水域下潜的不同之处、如何判断水域的深浅、如何判断水底结构；讲解如何选择合适的配重、正确地进入下沉状态；讲解在开放水域下潜时的注意事项。

三、风险管理

（1）确保选择的开放水域足够安全，并且适合潜水。

（2）确保所有营员明白，在没有得到指导员许可的情况下不得私自入水。

（3）确保所有营员都在视线范围之内。

（4）确保在模拟实操阶段已经提前做好了准备救援工作。

（5）下水前应该穿戴好全部的装备。

四、课后小测试

（1）潜水环境如何评估，在潜水过程中都使用了哪些技巧？

（2）影响潜水的事项有哪些？

（3）在开放水域和在平静水域潜水有何区别？

（4）你对在开放水域潜水感受如何？

2 第二章 皮划艇运动

学习目标

1. 了解皮划艇运动的起源、发展和安全理念。

2. 了解皮划艇装备的基本分类、功能及特点，并能在练习中熟练区分装备。

3. 学习并掌握皮划艇搬运上艇、靠岸上岸、前扫桨、前划桨、浮桨包上艇等技术。

4. 通过参与游戏与比赛，能够熟练运用皮划艇运动的基本技术，体会皮划艇运动的乐趣。

章前导言

皮划艇运动是一项休闲与竞技、乐趣与挑战并存的体育项目，可以在静水或开放水域进行。对于喜爱水上运动或愿意接受挑战的青少年来说，这是一项绝佳的选择。皮划艇作为一项速度耐力型运动，能够增强青少年心肺功能；能帮助青少年在重心不断变换中掌握平衡，提高身体的柔韧性，提高对外界环境的适应能力；在练习过程中可能会遇到呛水、憋气、原地打转等情况，青少年要经过一段艰难的适应过程，需要有坚强的毅力；同时，皮划艇对锻炼青少年团队意识也有着非常显著的效果。

第一节　皮划艇运动概述

一、皮划艇运动的起源与发展

皮划艇运动是人类智慧的伟大成果，在漫长的历史长河中，在人类的生产活动、休闲娱乐中发挥着重要作用。

皮划艇可以分皮艇（Kayak）和划艇（Canoe）两个项目，这两种艇都是由独木舟演变而来。皮艇（Kayak）起源于格陵兰岛上因纽特人所制作的一种小船，这种船用鲸鱼皮、水獭皮等兽皮包在鲸鱼或者其他动物骨头架上，用两端有桨叶的桨划动。划艇（Canoe）起源于加拿大，因此又称为加拿大划艇，划艇用单边桨叶推动进行划行。现代皮划艇运动起源于 1865 年。苏格兰人麦克格雷戈以独木舟为蓝图，制造出第一艘皮划艇“诺布·诺依”号，从 1865 年至 1876 年划船周游了法国、德国、瑞典等欧洲国家，撰写了《诺布·诺依千里行》一书，积极推广了皮划艇运动。1866 年他创建了英国皇家皮划艇俱乐部，并举办了第一次皮划艇比赛。1924 年 1 月由丹麦、瑞典、法国和奥地利发起，在丹麦首都哥本哈根成立了“国际划艇联合会”；同年，第 8 届奥运会期间进行了划艇表演赛；1936 年第 11 届奥运会，皮划艇被列为奥运会正式比赛项目，此后皮划艇运动在全球范围内快速发展起来。

我国香港、澳门及东南亚的一些国家和地区，还有日本、韩国、朝鲜等地都把皮划艇称为独木舟。中国大陆现在通常将敞开式的划艇称为独木舟，中国台湾地区则将皮划艇称为轻艇。我国有着悠久的水上运动历史，在新石器时代遗址，如浙江湖州钱山漾、浙江余姚河姆渡、福建连江、广东化州等地都出土过独木舟或船桨的遗存，这些文物已有 5 000~9 000 年的历史。早在 2 000 多年前，中国就有与皮划艇运动十分相似的划龙舟比赛，划船技术动作属于皮划艇中的划艇系列，均为单边划行，而且还结合了皮艇和划艇的动作特点，是一项采用多人坐式的单边桨叶运动。现代皮划艇运动于 1930 年前后传入中国。1952 年，中国首次制造了自己的皮划艇；1954 年在北京市水上运动会上，设立了男子 1 000 米和女子 500 米皮划艇比赛项目；1974 年中国加入国际划艇联合会；1975 年皮划艇被列为全运会正式项目，同年中国开始参加世界锦标赛。

二、皮划艇运动对青少年成长的作用和意义

皮划艇有静水项目和激流项目之分，静水项目比赛在天然或人工湖面进行，激流项目比赛在水流湍急的河道进行。对于喜爱水上运动或愿意接受挑战的青少年来说，皮划艇是一项绝佳的选择。皮划艇运动有助于青少年专注力的发展，在运动的时候，不论是放松、连贯、大幅度还是快速、平衡等动作，都需要集中注意力，并且保持一定的持久性；在开放水域划艇可能会遇到风浪、降雨等突发情况，这些挑战能够锻炼青少年的应变能力；有些划艇是 2 人或 4 人共划，需要动作一致，劲往一处使，才能保持平稳快速前进，这有助于青少年团队协作能力的发展。在水中及地面享受乐趣和教学安全是青少年皮划艇教育计划的重要组成部分，精心设计的皮划艇课程，在满足青少年休闲娱乐需求的同时，也能对他们的成长产生积极的作用。

三、教学与活动的选址

青少年户外体育营地皮划艇运动，可在游泳池、湖泊、河流、海洋等场地开阔、水质良好的水域中进行。理想情况下，第一节课应选择在温暖的水中进行，如室内的恒温泳池或环境良好的海边浅滩；教学场地需要保持安静、无障碍，确保营员和指导员之间能相互看清、听清。教学前，指导员应充分了解水域情况，在开放水域初次教学时，需遵循以下几点：近岸、非航运水道、无离岸风浪、保证水面适合皮划艇运动，如需进入水库，应特别注意了解水库泄洪渠等人工设施的位置。

通常情况下，指导员在教学中，可向营员介绍流动水的动态性，描述流动水的特征，或观看流动水和划桨动作的视频，帮助营员建立直观的印象；在教学过程中，也需教导营员识别水域特征，熟悉皮划艇和评估自身技能水平，以学会预测风险，保证安全划行、快乐划行。

可采用流动水域难度量化表来衡量水域的难度，再根据营地所在地水

域和青少年营员的具体情况来选择教学地点。量化表提供了大体上的水域分类，但需注意开放性水域会因季节、流量、障碍物的不同而处于不同的级别，不同参与者对于同一片水域的判断也会由于能力的不同而不同。就营地教学而言，不建议在Ⅳ级、Ⅴ级和Ⅵ级水域开展青少年皮划艇运动。因此不对这三个级别做详细介绍。

根据流水的速度，水域可分为以下三个级别：

（1）A 级：流速低于每小时 3.2 千米。

（2）B 级：流速在每小时 3.2 至 6.4 千米之间。

（3）C 级：流速大于每小时 6.4 千米。

水域难度等级划分：

Ⅰ级：容易

（1）几乎没有障碍物，或障碍物很明显并能轻松避开；

（2）有浅滩和小波浪；

（3）对落水者来说风险很小；

（4）自救很容易。

Ⅱ级：新手

（1）小量的直线急流，通道宽阔、清晰，不需要勘察；

（2）对于训练有素的参与者，可以轻松避开岩石和中等波浪；

（3）落水者几乎不会受伤，也几乎不需要团体援助。

Ⅲ级：中级

（1）激流中有难以避免的中等、不规则波浪，而且有可能会淹没开放型船只；

（2）通常需要在快速水流和狭窄通道中进行复杂操作；

（3）可能会出现大波浪，不过能轻松避开；

（4）在大流量的河流上，会出现漩涡和强大的水流效应；

（5）对于缺乏经验的团队，须提前进行侦察；

（6）落水后受伤的概率低，可能需要团队救援以避免长时间游泳。

Ⅳ级：高级

Ⅴ级：专业级

Ⅵ级：极限和探险性急流

四、皮划艇运动沟通与礼仪

营员需提前学习哨声信号，并能准确识别哨声的含义。

（1）一声哨（指导员）——停止，无论营员在哪都应停下来，集中注意力听指导员指示。

（2）两声哨（指导员）——停止，吹口哨的人可以通过举起桨，来指示前进方向。

（3）三声哨（营员）——停止，发生紧急情况，迅速靠近吹口哨的人。

此外，营员也要注意以下礼仪：

（1）进入水域、码头或海滨，需提前获得许可。

（2）在水流中的划行者有优先通行权。

（3）勿故意将水飞溅到他人身上。

（4）与其他船只保持安全距离，尤其是当天气状况恶劣或水流湍急的情况下，应避免接触。

（5）与其他船只保持恰当的距离，以便有效沟通并能根据需要及时进行救援。

（6）教学以团队形式进行，未经指导员同意不得单独行动或私自离开。

（7）注重保护环境，不可在教学场地留下任何垃圾。

五、风险管理

（1）开展教学之前，应询问营员的健康状况。

（2）开展教学之前，必须在穿戴好救生衣的同时，验证营员的水性程度（可以通过审查游泳证书或观察营员游泳的熟练程度来验证）。

（3）如有可能，所有皮划艇应统一配备，指导员和营员应在下水前对皮划艇及配件进行检查。

（4）开展教学的区域应明确界定，可使用浮标或指定特定位置，营员不应超出能与指导员保持良好视听联络的区域。

（5）入门课程应在温暖、平静的水中进行，如小池塘、平静的浅滩，或是室内恒温游泳池。

（6）选择着装时应考虑水温、气温、营员技能等因素，水温将决定是否必须佩戴额外的安全装备，装备可能包括全干式套装或湿式套装以及头部保护。

（7）运动过程中注意提醒营员补充水分，注意遵循少量多次的原则。

（8）指导员必须具备相应急救知识技能。

（9）营员与指导员的配比不应超过6∶1，可安排具有相关专业资质的助教协助指导员。

六、课程计划

皮划艇运动的技术动作体系较为复杂，对于初学的营员而言，主要的学习目标是在享受皮划艇运动乐趣的同时掌握一些基本的技术动作，课程的安排宜为渐进式，旨在促进营员信心和技能的同步增长。青少年营员通过参加本次皮划艇营的活动，应达到掌握皮划艇必备基本知识和技术动作的目标。为获得较好的教学效果，指导员应在划桨等技术学习课程之间安排讲解、示范、纠错和简短的理论课程。指导员应根据营员的技能水平（初级、中级和高级）制定个性化的教学内容。

本教材为营地开展皮划艇运动制定了一份推荐课程表（表 2–1–1），按六天时间安排了各单元的教学内容，供营地管理者和营地指导员参考。

表 2–1–1　营地皮划艇运动课程表

时间		第一天	第二天	第三天	第四天	第五天	第六天
主题		开营初认识	皮艇初体验	划艇我能行	小小划艇手	水上乐园	顺利返程
早餐	8：00—8：30	抵达营地	早餐	早餐	早餐	早餐	早餐
上午	9：00—11：30	开营仪式	（1）认识装备及配件 （2）装备安全操作及注意事项 （3）运动前的准备 （4）皮划艇岸上活动	皮划艇划桨动作（前扫桨、前划桨、反向扫桨、后划桨、制动）	皮划艇划桨动作（抽拉式平移、提拉式平移、低位支撑、侧倾转向、原地 360 度转向）	考核：皮划艇划桨动作与浮桨包上艇	结营仪式（回顾 / 授勋 / 分享 / 合影）
午餐	12：00—14：00	午餐 + 午休	午餐 + 午休	午餐 + 午休	午餐 + 午休	午餐 + 午休	
下午	14：30—17：00	（1）团队融合工作坊（团建 / 分组 / 营规） （2）熟悉营地	（1）皮划艇基本技术 1（搬运与上艇、靠岸与上岸、艇上坐姿） （2）皮划艇基本技术 2（船感与皮划艇平衡、皮划艇边缘的控制） （3）基础救援知识介绍	皮划艇救援技术：浮桨包上艇、湿逃脱自救、自我救援法、他人救援法	巩固皮划艇划桨动作	（1）皮划艇比赛 （2）皮划艇游戏	顺利返程

续表

时间		第一天	第二天	第三天	第四天	第五天	第六天
主题		开营初认识	皮艇初体验	划艇我能行	小小划艇手	水上乐园	顺利返程
晚餐	17:30—18:30	晚餐	晚餐	晚餐	晚餐	晚餐	顺利返程
晚间	19:00—20:00	皮划艇运动简史（理论＋视频）	电影之夜（皮划艇穿越）	心肺复苏	手工（皮划艇模型制作）	篝火晚会（露营/才艺展示/分享）	

课程学习计划可安排如下：

第一单元：皮划艇运动装备与器材

皮划艇相关装备及其安全操作是皮划艇教学过程中必不可少的内容，本单元将向营员介绍各类装备，使营员熟悉装备及装备的组装，还将向营员介绍如何合理选择皮划艇、桨、救生衣、头盔与防水裙。

第二单元：下水前的准备

本单元将向营员讲解皮划艇运动前的准备工作，包括皮划艇的选择、皮划艇的装配与准备活动。此外，应重视营员的安全教育，帮助营员树立安全观念，提高风险防范意识。

第三单元：上下艇技术

上下艇是皮划艇运动基础技能之一，本单元的学习内容包括皮划艇搬运与上艇、靠岸与上岸、正确的艇上坐姿。熟练地掌握以上技能将为营员更好地学习皮划艇划桨动作与基础救援打下坚实的基础。

第四单元：平衡技术

为使营员适应皮划艇，可以感觉并控制艇与身体的反应，本单元将学习船感与皮划艇平衡、皮划艇边缘的控制和运动后的拉伸。

第五单元：桨法技术（一）

本单元将学习五个划桨动作，包括前扫桨、前划桨、反向扫桨、后划桨及制动，课后还将进行小测试以检验营员的学习情况，巩固知识技能。

第六单元：桨法技术（二）

在营员掌握直行、转弯与制动技术要领后，本单元将进行更高阶段的学习，学习抽拉式平移、提拉式平移、低位支撑、侧倾转弯、原地 360 度转向五个划桨动作。

第七单元：救援技术

救援知识的了解与掌握是安全开展皮划艇运动的重点，本单元将教授四种基础救援方法：浮桨包上艇、湿逃脱自救、自我救援法和他人救援法，营员需掌握浮桨包上艇的方法，以便皮划艇翻覆后可以进行自救。

第八单元：营地皮划艇运动综合实践

本单元设计了圆圈集合令、艇上飞、追逐赛、接力赛四个游戏，旨在通过需要团体协作来完成的游戏与简单的竞技比赛，让营员充分体验皮划艇带来的乐趣。

第二节　皮划艇运动装备与器材

一、皮划艇运动常用装备

皮划艇运动在水域中开展，因环境的多变性，所以除了艇、桨、头盔、防水裙等基本装备外，还需要特别准备救生装备和个人防护装备，前者一般包括了救生衣、救生哨、急救药品等，后者一般包括服装、防晒用品等。表 2-2-1 列出了皮划艇运动常用的装备，营地可以根据实际情况进行准备。

表 2-2-1　皮划艇运动常用装备

序号	名称	规格要求	备注
集体装备			
1	海洋舟	配备浮力装备、弹力绳与反光绳、提手、安全扣、救生织带扣、排水塞、髋垫和膝垫等	
2	桨		
3	救生衣	配备胯带和救生哨	
4	头盔		
5	防水裙		
6	急救物品	药膏、消毒剂、止痛药、营员健康档案等	
7	救援装备	配备浮桨袋、抽水泵、牛尾、抛绳包、哨子、潜水刀、防水包和绑桨绳等	
个人装备			
1	服装	速干衣、划桨裤、换洗衣物、毛巾	
2	溯溪鞋		

续表

序号	名称	规格要求	备注
3	防晒用品	防晒霜、遮阳帽、太阳镜	
4	鼻塞		
5	水杯		

（一）知识要点

营员应能识别下列皮划艇配件和特点（图 2-2-1）：

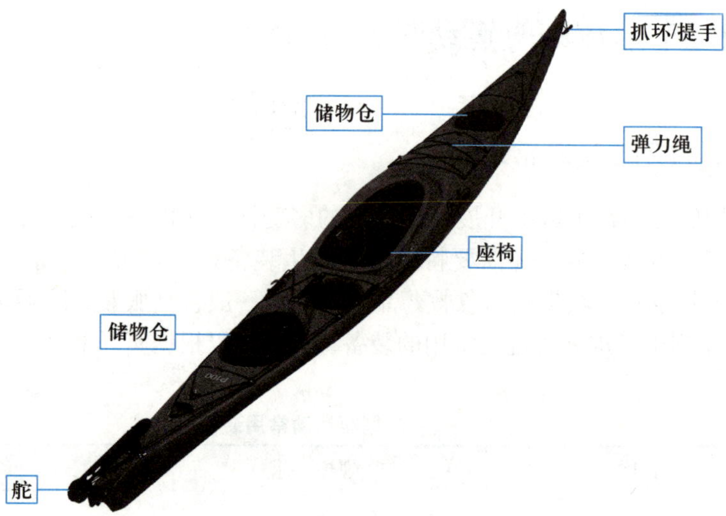

图 2-2-1 海洋舟

静水皮艇（海洋舟）、皮划艇长度、浮力装备、绑物弹力绳、座椅、大腿基座、脚蹬、抓环 / 提手、安全扣、后舱盖、排水塞。

（二）教学要点

（1）在讲解完皮划艇的各个部件后，每个营员都应选择各自的皮划艇。

（2）教学过程中，营员应穿速干衣物和溯溪鞋。

（3）第一次参加这项运动的营员可能会感到不舒服，会联想到在水中翻覆的场景，指导员可对营员进行适当的心理疏导。

二、桨（图 2-2-2）

选择适合的桨，对于提高营员的舒适度和效率非常重要。桨太大或太小都会增加受伤的风险，降低划水效率，因此需确保营员使用适合的桨。

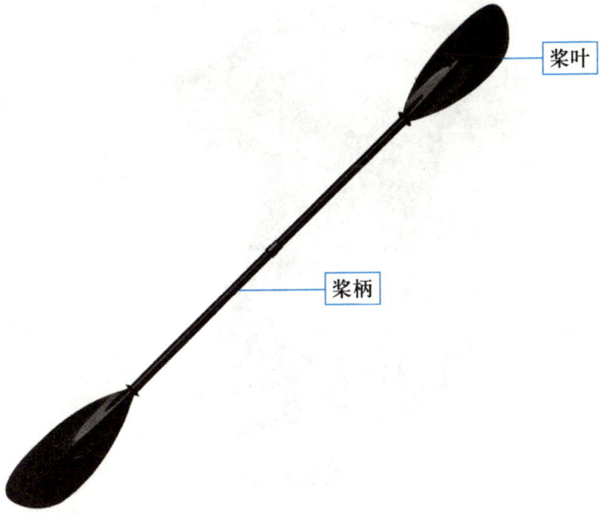

图 2-2-2　桨

（一）知识要点

（1）使用桨柄直径较小、尺寸适当和重量轻的青少年专用桨。

（2）手臂力量强的营员可选择桨叶面积大的桨，手臂力量不足的营员可选择桨叶面积较小的桨。

（3）营员根据自己身高来选择长度适宜的桨。

（4）桨叶有不同的尺寸和扭转角度（0 度、30 度、45 度、60 度和 90 度）。入门新手的桨叶处于同一水平面，也就是扭转角度为 0 度。营员在技术逐渐熟练之后，通常会选择有角度的桨，在很大程度上，扭转角度取决于个人偏好。

（二）教学要点

（1）选择好桨后，要求营员正确握桨：通过双手对称握住桨柄，抬过头顶，使柄部正中位于头顶之上，上肢的前臂和大臂在肘部成 90 度角。

（2）桨叶下水时保证凹面抓水，桨叶长度较大的一边在下面。

三、救生衣（图 2-2-3）

（一）知识要点

（1）年龄较小的营员应穿戴儿童救生衣。儿童救生衣裆部有胯带，穿戴时必须提醒营员扣紧胯带，防止落水后救生衣往上跑、人往下掉。另外，儿童救生衣还有靠枕，儿童落水后头可靠在靠枕上。

（2）所有皮划艇救生衣必须符合救生衣的基本要求，即胸前的浮力大于背部的浮力，以防止人昏迷时前倾将口鼻没入水中。

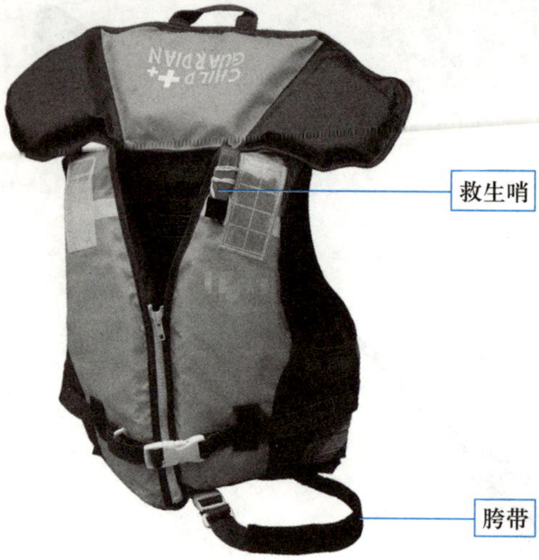

图 2-2-3　救生衣

（3）救生衣腰部不应过长。当穿着救生衣坐在皮艇上时应该是舒适的，并且救生衣应在防水裙上方，其底部大致位于肋骨的底部。

（4）试穿救生衣，确保尺寸合适、舒适贴合。在完成调节后，救生衣应保持在适当的位置，并且当人入水时不应脱离身体向上漂浮。

（5）找到并阅读救生衣使用说明，以了解尺寸和其他数据。

（6）找到并识别救生衣上每个调节器的功能。

（二）教学要点

（1）讲解完救生衣的调节后，向营员提问，以检查营员对调节器及其功能的了解。

（2）解释不当装配救生衣的后果。如果救生衣太小，会不足以支持有效运动并限制运动；如果太大，则会在深水中漂浮而不能起到浮力作用。

（3）让营员自主选择救生衣并解释选择的理由。

四、头盔

佩戴专业的皮划艇头盔，可为营员提供适当的头部安全保护，避免在皮划艇翻覆时撞伤头部。头盔分半盔和全盔两种。在静水中，一般可以不戴头盔；在海洋中，离礁石及海岸较远时也可以不戴头盔，但还是建议准备一顶头盔作为备用物资放在艇上；白水Ⅰ级以上水域、临近礁石及进入浪区前必须戴头盔；在浅水石头多的河流中，建议使用全盔。

（一）知识要点

（1）选择合适的头盔，为前额、太阳穴和后脑提供保护，同时要能在运动中保持舒适状态。

（2）头盔大小应合适，以便在移动时不会滑动。

（3）调整下巴带，不允许有超过两个手指的间隙。

（4）务必选择具有安全认证的头盔。

（二）教学要点

（1）向营员说明头盔只能戴在头部，下巴带要系紧。

（2）如果下巴带滑脱，则需脱下头盔，避免不适当地佩戴头盔。

五、防水裙（图 2-2-4）

防水裙的主要作用是防止水进入座舱内。所有的皮艇都有座舱圈，防水裙套在座舱圈上，在翻船或者通过大浪区时防止进水。

（一）知识要点

（1）抓住腰封从脚下套入，在腰部收紧。

（2）进入皮艇座舱坐下。

（3）在使用前先将裙尾从座舱后沿扣上，手摸着裙内侧边缘的弹力绳，慢慢往座舱圈上扣，直至将救生带扣到座舱前沿，封住整个座舱。

图 2-2-4　防水裙

（二）教学要点

（1）根据所用皮艇类型和教学内容决定是否需要使用防水裙。

（2）救生带（救生拉手）一定要放在防水裙外面。

（3）确保防水裙容易脱下。在第一次使用防水裙的课程中，指导员应给予营员细心的指导，使营员知道如何脱掉防水裙。

（4）试穿防水裙，确保尺寸合适。

六、装备维护和保养

装备的维护和保养也是营员需要学习的内容。在一天的课程结束后，应让营员共同协作，将皮划艇、救生衣等装备用清水冲洗干净。为了使皮划艇及其他装备使用寿命更长，外表保持光洁如新，需要做好以下日常保养工作：

（1）皮划艇的放置

① 放置皮划艇时尽量避开坚硬、粗糙的物体。

② 如需平放皮划艇，需要在底部垫较软的材料。

③ 最好将艇尾朝下直立保存，这样最不易变形。

④ 如有架子，尽量选择正面朝下放在架子上，以避免底部变形，且架子上需包裹软泡沫材料。

⑤ 皮划艇尽量不要存放在室外，长时间日晒雨淋会使表面材料褪色并变脆，影响皮划艇的寿命。

（2）携带皮划艇时，应该抬离地面，而不能拖拽。

（3）如是一体成型的皮划艇，应该做好密封工作，防止海水进入皮划艇内部。

（4）在保养皮划艇舱盖时，为了让舱盖周边的舱圈更容易装卸，可以均匀抹上硅油。

（5）不使用桨时，需要将其竖起或放入皮划艇中，而不是放在地上。

（6）所有装备在存放前应用淡水仔细冲洗并保持干燥。

（7）设备应存放在阴凉处或室内干燥、通风良好的区域。

（8）做好日常保养，定期进行检查。

七、风险管理

（1）保证营员知晓如何选择合适的安全装备。

（2）让营员明确知道未穿戴救生衣与头盔等安全装备不得进入码头或下水。

（3）确保营员掌握正确穿戴安全装备的方法，教学活动开始前必须仔细检查安全装备穿戴情况。

（4）强调装备维护及保养的重要性，避免因使用不当对装备造成损害，从而形成安全隐患。

八、课后小测试

（1）在结束本单元学习时，可以给每组营员一张 A4 纸，请营员画出教学所使用的海洋舟，并标注出海洋舟的各个部件。

（2）请营员以小组的形式分别讲解救生衣、头盔等装备的正常穿戴及注意事项。

（3）通过提问抢答的形式，来检验营员正确握桨、正确穿戴救生衣等内容的掌握程度，从而巩固学习效果。

第三节　下水前的准备

一、皮划艇的选择

（一）知识要点

（1）根据营员的年龄、体型、运动能力、划桨经验等要素来选择单人或双人皮划艇。

（2）大致年龄建议：

① 小型单人皮划艇：10 岁及以上。

② 中型单人皮划艇：14 岁及以上。

③ 小型双人皮划艇：4 至 7 岁。

④ 中型双人皮划艇：8 岁及以上。

（二）教学要点

（1）建立清楚的规则意识（如：不能在艇中站立、不得打闹），让营员列举规则，并让其知道不遵守规则的后果。

（2）可让营员自主选择皮划艇，并解释选择的理由。

（3）可对行为操作规范的营员进行鼓励，激发营员的积极性。

二、皮划艇的装配

（一）技术要点

（1）每位营员应妥善安装皮划艇，携带好桨。

（2）正确穿戴安全装备（头盔、救生衣、速干衣物、溯溪鞋等），并从上到下进行检查，避免遗漏或穿戴不当。

（3）检查完成后，要求营员携带皮划艇、桨及其他装备集体转移到水域边缘或码头。

（二）教学要点

（1）初次接触皮划艇的营员可能会感到紧张，应注意不要让营员处于不理想或难以掌控的水域环境中。

（2）如果水温适宜，可以在开始划艇前让每个人打湿身体。

（3）指导员的艇上需配备救援与急救装备。

三、准备活动

（一）技术要点

（1）花 10~20 分钟进行热身，对划艇所用肌肉群和关节进行活动和拉伸。如向前和向后转动肩膀，扭转并倾斜躯干，向前和向后移动身体，模拟划桨，直到肌肉舒展。

（2）肌肉活动开后，伸展颈部、胸部、手臂、肩部、腹部以及上下背部，每次拉伸持续 15 至 30 秒。

（3）进入水中后，可以缓慢地开始，然后慢慢达到强烈的划水效果。

（4）在一个阶段划桨结束后进行全身整理运动。

（二）教学要点

（1）伸展肌肉和肌腱可提高灵活性和肌肉弹性，有助于预防肌肉拉伤。拉伸时，营员可能感到紧张但不应感到疼痛。

（2）经验丰富的营员可以通过皮划艇的个人水上预热和拉伸程序来补充陆地预热和拉伸动作的不足，其中可能包括各种渐变强度（缓慢、中等、强烈）的划水动作、转体动作的组合。

（3）一旦营员熟悉热身活动后，将热身作为后来学习过程中的个人责任，或让营员轮流担任团队热身的组织者。

四、风险管理

（1）提前询问营员的游泳能力，尽量规避因水性不好造成安全问题。

（2）提醒营员不得穿脚后跟无包裹的拖鞋，避免拖鞋滑落踩到尖锐物品。

（3）未经指导员同意，营员不得私自活动或离开教学区域。

（4）要求营员充分热身，天气状况不好的情况下需延长热身时间，避免受伤。

五、课后小测试

（1）询问营员如何选择适合自己的皮划艇。

（2）询问营员如何正确组装皮划艇。

（3）询问营员划艇前的热身动作主要包括哪些。

第四节　上下艇技术

一、搬运与上艇

由于皮划艇通常存储在陆地上，因此需要掌握搬运皮划艇的方式。正确的上下皮划艇有助于避免皮划艇的倾覆，保障各个教学环节的顺利开展。根据水域情况，上艇分河岸 / 码头上艇和水面上艇两种方式，以下主要介绍码头上艇方式。

搬运与上艇

（一）技术要点（图 2-4-1）

（1）营员可采用两人搬运皮划艇的方式：一人在艇头，一人在艇尾，保持匀速前进。

（2）到达下水区域后慢慢地将皮划艇放入水中，艇身与码头需保持一定的角度，略微倾斜放置，避免皮划艇侧翻。

（3）上艇过程中放置桨的 3 种方式：

① 把桨放在码头或靠近水域的地方。

图 2-4-1　搬运与上艇

② 把桨插入船舱中。

③ 把桨用皮划艇前面的弹力绳固定。

（4）用手握住船舱的中部位置，稳定艇身，弯腰俯身将一只脚跨进船舱的正中位置，然后交叉跨进另一只脚，两脚进去后，缓慢坐入舱内。注意左手握艇左脚先进，右手握艇则右脚先进；重心居中防止翻船，另一只岸边的手要扶住岸边的固定物；先迈进皮划艇的脚要将艇向岸边靠近，不能用力往外撑。

（5）上艇后保持正确坐姿并调整脚蹬位置。

（二）教学要点

（1）讲解后，指导员需演示双人搬运皮划艇的方式。

（2）提醒营员避免在地面拖拽皮划艇。

（3）初学者不善于控制重心时可以由他人帮忙握住船舱的侧舷，稳定皮划艇。注意告知辅助者控制好重心，避免落水。

二、靠岸与上岸

靠岸与上岸

正确的靠岸与上岸操作是课程顺利结束的保障。

（一）技术要点（图 2-4-2）

（1）接近码头时需减速，可使用扫桨动作使艇身与岸边平行，然后用平移动作靠岸。

（2）艇身平行靠近码头后用手拉住码头边缘，将艇上物品放上码头。

（3）如穿戴了防水裙，需要先解开防水裙。

（4）一只手撑住岸边，另一只手扶住皮划艇，使身体能缓缓蹲坐在船舱中，重心逐步上移。

① ② ③ ④ ⑤

图 2-4-2 靠岸与上岸

（5）一条腿出舱上岸，另一条腿迅速跟上，期间尽量保持弯腰俯身状态。

（6）上岸后及时回身拉住艇身。

（二）教学要点

（1）指导员应选择合适的上岸点。

（2）上岸前把所有装备准备好。

（3）物品放在码头上时，注意不要妨碍自己和他人。

（4）初学者上岸有困难时，可向他人寻求帮助。

三、正确的艇上坐姿

正确的艇上坐姿能够确保营员在皮划艇中感到舒适，有利于保持重心稳定，为后续的动作技能学习奠定基础。

（一）技术要点

（1）背部挺直，不要贴靠在椅背上。

（2）臀部与座椅接触牢靠，不要过于靠前。

（3）双腿可以蹬踩在船舱内靠近艇头两侧的脚蹬上，使大腿和小腿形成的角度大于 120 度，小于 150 度，以方便转身及借用腿部、腰部发力。

（4）坐姿与皮划艇类型没有关系，保持挺直而放松的理想坐姿即可。

（二）教学要点

（1）皮划艇有一个可调节的座椅，教授营员正确调节和移动座椅，以便使艇的前部和后部具有相等的重量分布。

（2）通过观察营员在艇上的侧面轮廓来指导其座椅设置与位置调节。

（3）座椅调节没有正确或错误之分，理想情况是需要保持皮划艇的平衡。

四、课后小测试

（1）以提问的形式问营员双人搬运皮划艇的方式与注意事项。

（2）以表演的形式请营员演示如何靠岸与上岸。

（3）询问营员正确的艇上坐姿是怎样的。

第五节　平衡技术

一、船感与皮划艇平衡

良好的船只感觉和倾斜是皮划艇划艇动作和技巧的重要组成部分，船感和倾斜有助于营员寻找对皮划艇的契合和舒适感觉，也有助于做出更好的划桨动作和提升划艇技巧，加强对皮划艇的控制。皮划艇平衡扩展了手、桨在皮划艇中的舒适区域，皮划艇平衡能力的掌握能促进其他皮划艇技能的快速提高。

（一）技术要点

（1）由直线向前划行开始，强调躯干的旋转。

（2）艇身倾斜时保持正确的身体姿势：上半身和头部保持平衡与直立，胸部略微向前，利用大腿和膝盖对皮划艇施加压力，使皮划艇倾斜。

（3）营员在皮划艇上应感觉自然，保持双脚、大腿和臀部处在舒适、安全的位置，并与皮划艇倾斜状态协调一致。

（二）教学要点

（1）讨论与皮划艇的接触点（脚、大腿和臀部），营员的下半身不应该在皮划艇中移动。

（2）当皮划艇从一侧向另一侧倾斜时，可以把桨保持在水平位置，使头保持在中立位置。

（3）让所有营员在规定区域进行练习，以便观察他们。

（4）营员可能会因无法控制皮划艇的方向而感到沮丧，将小组保持在一个小区域可以缓解部分问题。

二、皮划艇边缘的控制

皮划艇边缘的控制是用来帮助平衡和控制皮划艇的重要技能。运用此技能可以非常灵活地将皮划艇向一侧倾斜，也可以把皮划艇从一侧移到另一侧，还常用于转弯或避免倾覆。

（一）技术要点

（1）让皮划艇处于边缘位置，同时保持上半身在皮划艇的中央位置。

（2）控制皮划艇边缘，将座椅中的重量转移到一侧，同时在相对的膝盖上施加向上的压力以微调边缘。

（3）将皮划艇的边缘移至防水裙边缘变湿的程度。

（4）当皮划艇处于边缘时，在两边划动几下。

（二）教学要点

（1）强调划皮划艇的两个阶段：将座椅上的重量转移到一侧，同时在相对的膝盖上施加向上的压力，以微调边缘。

（2）要求营员将皮划艇保持在边缘，使两侧防水裙保持约 10 秒钟的湿润。

（3）对营员的正确操作与积极行为进行及时、适当的鼓励，使营员享受皮划艇带来的成就感。

三、上岸整理与运动后的拉伸

适当的整理活动有利于减轻身体疲劳，使营员由运动状态逐渐过渡到静止状态，以适应机体恢复需要。

（一）技术要点

1. 上岸整理

（1）注意上岸后装备暂时放置的位置，不要影响其他人。

（2）将排水孔打开，倒出水，用清水将皮划艇、救生衣等装备冲洗干净。

（3）将皮划艇、桨等装备放到指定存放区域。

2. 运动后的拉伸

（1）运动后的拉伸与运动前的拉伸基本一致。

（2）运动后一般进行静态拉伸（背部、腰部、腿部等），再加上捶打、按摩等帮助肌肉放松。

（二）教学要点

（1）可加入两人配合的拉伸运动，以加强营员交流，如两位营员相互搭住肩膀，一起向下拉伸背部肌肉。

（2）运动后需要补充水分，尽量饮用温水，遵循少量多次的原则。

四、风险管理

（1）进入流动水域前，先在静水区域练习，以巩固技能。

（2）指导员应仔细选择初次教学位置，综合考虑天气、营员基本情况等因素。

（3）指导员必须具备急救知识，并随时携带救援与急救装备。

五、课后小测试

（1）询问营员培养船只感觉与练习皮划艇平衡的要点与注意事项。

（2）以小组为单位，让营员讨论皮划艇边缘控制的步骤与要点。

（3）让营员列举整理与运动后的拉伸的重要作用。

第六节　桨法技术（一）

一、前扫桨

前扫桨是用于启动旋转或转弯的划桨动作，通常用于快速划艇时控制船只，这是一种大范围的低桨划水动作，可用于在静止或前进时转动船只。

（一）技术要点

（1）头部和眼睛朝着前进方向，将桨叶放在靠近艇前部的水中，让桨叶与水面保持水平并放低。

（2）通过躯干旋转实现最佳伸展，弯曲躯干，旋转肩膀和上身。

（3）握桨时，保持相对放松，通过躯干旋转开始划桨动作，同时放松躯干，让其带动肩膀转动。

（4）划桨动作沿着艇的侧面保持宽阔的弧形路径，下臂在整个划水过程中完全伸展。

（5）当桨叶与水产生对抗时，使用腰腹和下半身的力量来引导艇前进。

（6）一旦桨越过臀部，则表示动作完成，把桨叶从水中抽出，使其复原；然后准备好把桨叶放回水中开始执行下一次划桨动作。

（二）教学要点

（1）前扫桨通常在前划桨之前教授，因为它强调良好的躯干旋转，而良好的躯干旋转是大多数划桨动作的关键。

（2）指导员讲解后可进行演示。

（3）执行前扫桨的关键是使桨叶保持水平且低。

（4）最佳方法是通过躯干弯曲开始划桨动作，但有时候可让营员首先通过转动头部来跟随桨叶前刃贯穿整个划水动作，这需要躯干扭转 180 度。

（5）要求营员首先在两侧多次进行划桨动作，同时保持皮划艇处于平放位置。

（6）指导员应关注营员的划桨动作，提供及时的反馈。

二、前划桨

前划桨（正面）

前划桨（侧面）

前划桨（背面）

前划桨是保持皮划艇向前直行的基础动作之一，良好的前划桨动作不仅能带动皮划艇运动，还可以使转弯更容易。

（一）技术要点（图 2-6-1）

（1）将桨保持在平衡位置，伸直双臂。平衡位置即双手对称握住桨柄，将桨放在头顶，肘部弯曲成 90 度，桨柄正中位于头顶上方。

（2）左右转体。划左桨，蹬左腿，向左侧转体，并积极把右侧髋关节和右侧支撑手向前顶；划右桨，蹬右腿，向右侧转体，并积极把左侧髋关节和左侧支撑手向前顶。

（3）将桨叶插入靠近艇前部的水中，并让其垂直于水面，划桨的手与眼睛保持水平。

（4）握桨柄时保持相对放松，通过躯干旋转，沿艇舷拉动桨叶。

图 2-6-1　前划桨

（5）当左桨划行到膝盖和髋部之间，提起左桨，桨叶出水，同时保持手臂伸直。右桨划行时动作类似。

（6）重复左右动作，即可连续划桨前进。

（二）教学要点

（1）桨叶的运动范围是从脚趾到臀部，提醒营员避免将桨叶移过臀部。

（2）划桨动作依靠左右转体，运用蹬腿、转动腰腹部及臀髋进行发力。

（3）前划桨发力强调躯干旋转，力从脚起，借助髋腰，不可以只用手臂力量划行。

（4）转动身体时注意坐姿正确，脊椎与艇保持垂直，不要左右倾斜，避免改变艇的重心。

（5）学习前划桨动作时，力量不是初学阶段的关键，应强调技术的重要性。

三、反向扫桨

反向扫桨是转向动作之一，优点在于不会减慢船速和划桨频率。

（一）技术要点

（1）强调良好的躯干旋转，将肩膀和胸部朝艇的后部转动。

反向扫桨

（2）桨叶入水（刚好越过臀部，靠近艇的后部），与水面保持水平并放低。

（3）放松握桨，通过肩膀转动、躯干旋转开始反向扫桨。

（4）扫桨时桨叶运动的弧度要大。

（5）当桨叶的背面与水产生阻力时，需要利用腰腹和下半身发力引导艇向目标方向运动。

（6）当桨靠近脚，就完成了一次动作，桨叶出水并复原，重新放入水中即可开始执行下一次动作。

（二）教学要点

（1）使用桨叶的背面来执行反向扫桨，不需要旋转桨。

（2）反向扫桨的关键是保持桨叶的水平和低高度。

（3）桨叶保持水平而不是垂直，使其产生旋转力而不是向前的加速动力，且桨叶离艇越远，旋转越多；离艇越近，旋转越少。

四、后划桨

后划桨可用于减慢皮划艇前进的速度，使皮划艇停止或向后移动。

后划桨（正面）

后划桨（侧面）

后划桨（背面）

（一）技术要点（图 2-6-2）

（1）强调良好的躯干旋转，将肩膀和胸部朝艇的后部转动。

（2）桨叶入水（刚好越过臀部，靠近艇的后部），桨叶与水面保持垂直。

（3）放松握桨，躯干放松，利用躯干旋转推动桨叶沿艇舷平行运行，营员需保持手与眼睛的水平。

（4）当桨叶与水产生阻力时，需要利用腰腹、下半身和脚的力量引导艇向目标方向运动。

（5）当桨叶超过膝盖，就完成了动作，桨叶出水并复原。继续重复此过程，艇则会向后加速。

（6）如果艇开始转向，可以在转向侧艇舷再次后划桨来修正艇的方向，或使用反向扫桨使艇朝着目标方向运动。

① ② ③

图 2-6-2 后划桨

（二）教学要点

（1）使用桨叶的背面来执行后划桨，不需要旋转桨。

（2）使用躯干旋转的力量，而不是仅仅推动手臂来划桨。

（3）使用平稳可控制的节奏划桨，划桨动作不需要过快。

（4）告知营员艇头的左右摆动是正常现象。

五、制动

制动技术适用于使皮划艇减速或停止运动。

（一）技术要点（图 2-6-3）

（1）掌根发力，将入水一侧桨柄由艇尾向前推动，带动桨叶与水流做最大对抗。

（2）桨叶到达腰腹位置后出水，及时在另一边进行减速制动。

（3）双脚蹬脚蹬、腰部转体，将力量由腰部传导至桨进行发力。

（4）注意保持艇的行进方向。

制动（正面）

制动（侧面）

制动（背面）

①　　②

图 2-6-3　如何制动

（二）教学要点

（1）注意保持握桨姿势不变。

（2）桨叶插入水中不要离腰部、臀部太近，避免水的惯性把营员带向桨叶的一侧，造成皮划艇翻覆。

六、课后小测试

请营员回答“怎样操作前扫桨、前划桨？”“如何执行后划桨、后扫桨？”“在水中进行划桨动作时遇到了哪些困难？”等问题，检验营员学习的效果。

第七节　桨法技术（二）

一、抽拉式平移

抽拉式平移

抽拉式平移的目的是使皮划艇横向平移。

（一）技术要点（图 2-7-1）

（1）身体坐直，保持正常的握桨姿势，将躯干转向侧面，头部、眼睛、胸部和肩膀朝着目标方向。

（2）双手和桨放在身体一侧，在划水过程中上手稳定，应尽可能保持桨柄垂直，躯干应该向皮划艇移动的方向上弯曲。

（3）如向右侧平移，将桨插入右侧与臀部大致平行的位置，桨叶面向船舷，从外侧向内用力拉桨。

（4）左手放松持桨，右臂向右拉伸，带动桨叶向船舷方向划水，右肘部触碰到救生衣则停下。

（5）桨叶贴近艇舷后转动桨叶，使它和艇舷保持垂直，在水中将桨推向远端，回到右侧约 50 厘米处，旋转桨叶使桨叶面向艇舷，重复向艇舷方向的划水动作。

①　　②

图 2-7-1　抽拉式平移

（二）教学要点

（1）由于平移动作在水下进行，可在水面上向营员演示，然后进行操作练习。

（2）强调上手保持在固定位置，用作中心点，躯干随着运动方向转动，下臂完全伸展以推动舷侧深处的水。

（3）当桨叶上没有压力或靠近艇体及艇体下方时，可能会比在划桨的初始阶段不稳定。

（4）平移过程中桨叶不离开水面。

（5）教学过程中注意及时纠正营员不正确的划艇姿势。

二、提拉式平移

提拉式平移也是横向平移的基础桨法之一。

提拉式平移

（一）技术要点（图 2-7-2）

（1）采用正常的握桨姿势，将躯干转向侧面，双手和桨放在身体一侧。

（2）桨离开水面，放入远端水中，逐渐拉向艇体，实现平移。

① ② ③

图 2-7-2　提拉式平移

（二）教学要点

（1）拉桨后，桨叶需抽离出水面。

（2）营员可能由于力气不够，操作会有困难，应对营员进行及时的鼓励。

三、低位支撑

支撑是用来使不稳定或不平衡的皮划艇回归稳定、平衡状态，避免倾覆的常用技术动作之一，教学中推荐使用低位支撑技术。“低”是指在支撑期间，桨要保持在肘部以下。

低位支撑

（一）技术要点（图 2-7-3）

（1）采用划桨姿态的握桨姿势握桨。

（2）把桨靠近身体，检查桨叶背面是否指向要倾斜的一侧，使用桨叶的非动力面进行低位支撑。

（3）肘部抬高，指节垂直艇体朝下，并使桨叶与水面尽可能保持水平。

（4）练习时，向一侧开始倾斜，当稍稍失去平衡后，迅速将桨叶面推到水面上，通过顶髋与桨叶压水的力量快速复位。

（二）教学要点

（1）要求营员演示划桨动作，只有当营员的划桨动作娴熟后才能学习更高一级的技术动作。

（2）指导员应演示技能动作，并讲解注意事项。

图 2-7-3　低位支撑

（3）在水中练习时，告知营员首先恢复皮划艇平衡，然后带动身体复位，最后头部复位。

（4）需要在两边进行练习时，可先在单边练习一段时间后，然后试着来回运动做一个全面扫水的动作，尝试支撑更长时间。

（5）告知营员当执行支撑失败落水后，可采用救援技术来重新上艇，并注意及时对他们进行鼓励。

四、侧倾转弯

侧倾转弯（正面）

侧倾转弯是一种不影响艇的前进速度和桨频的转向技术，通过使皮划艇和水面形成一定的角度，来达到转向的目的。侧倾转弯时，艇的转向方向和侧倾的方向相反。当天气条件影响较大时，侧倾转弯尤为见效。

（一）技术要点（图 2-7-4）

（1）为了让艇体倾斜，需要使用两腿力量：抬高的一侧膝盖上顶艇体，向下倾的一侧大腿及臀部同时下压。

侧倾转弯（背面）

（2）利用侧倾转向时，艇体的曲线将被淹没，从而使皮划艇转向侧倾的另一侧，侧倾的角度和转向的幅度因艇的不同而有所不同。

（二）教学要点

（1）由于需要侧倾艇体，所以学习该技术时，应先在安静水域进行。

图 2-7-4　侧倾转弯

（2）练习时，可在皮划艇滑行过程中尽量长时间地保持船体侧倾，引导营员保持视线水平会有助于加强平衡。

（3）提醒营员腿部、膝盖积极用力。

五、原地 360 度转向

原地 360 度转向可用于强化转向技术动作。

原地 360 度转向

（一）技术要点（图 2-7-5）

（1）将桨置于艇头，桨叶背面朝下。

（2）向后扫桨，身体回转，皮划艇会向划桨的相反方向转动。

①　②　③　④

图 2-7-5　原地 360 度转向

（3）将桨移到艇尾的另一边，然后做后扫桨动作。

（4）连续重复几次动作完成原地 360 度转向。

（二）教学要点

（1）注意保持桨在水平和较低位置。

（2）桨离艇越远，旋转越急；离艇越近，旋转越缓。

（3）注意动作的连续性和控制皮划艇的稳定性。

（4）确保身体以腰腹部为轴心转向。

六、风险管理

（1）初次进行划桨练习时，尽量在静水区域进行，待营员操作熟练后可进入流动水域。

（2）下水前必须正确穿戴所有安全装备。

（3）指导员需掌握营员的水性与皮划艇操作技能情况。

（4）运动结束后需进行肌肉、关节的拉伸与放松。

七、课后小测试

（1）请营员回答诸如“如何进行低位支撑？”“如何进行侧倾转向？”“如何进行 360 度转向？”等问题。

（2）请营员回答抽拉式平移和提拉式平移的区别，并说出操作过程中的注意事项。

（3）请营员以小组为单位分享学到的技术动作，总结各自的优点与不足。

第八节　救援技术

一、浮桨包上艇

浮桨包上艇

浮桨包上艇适用于落水后的自救，熟练程度和天气情况都是影响操作效果的因素，因此应教导营员加强练习以熟练掌握。

（一）技术要点（图 2-8-1）

（1）当皮划艇翻覆人落水后，需先游出水面将艇回正。

（2）将一只脚放在船舱内，避免艇漂走，取出桨包，将吹足气的桨包固定在桨的一头。

（3）把未安装桨包一头的桨放在皮划艇后甲板上，上艇前，人位于皮划艇后侧旁边，在艇和套好了桨包的桨之间。

图 2-8-1　浮桨包上艇

（4）一只手压牢桨，另一只手抓住甲板绳索或其他能有效抓握的东西，一只脚钩住桨柄，将上半身拉到后甲板上，身体保持面向艇尾方向。

（5）快速抬起另一条腿并将其钩在桨柄上，然后将一条腿抬到皮划艇上，双脚返回皮划艇并尝试使桨和皮划艇保持 90 度。

（6）翻转上艇坐回舱内后，把桨放到身体的前方，保持正确坐姿，暂时不要卸下桨包。给座舱排水和重新安装防水裙时，都可以使用桨包来帮助维持平衡。

（二）教学要点

（1）了解营员的游泳能力。

（2）讲解与示范相结合，给营员相应的时间进行练习。

（3）告知营员在恶劣天气下，落水后利用桨包上艇是较为安全有效的方式。

（4）提醒营员保持船桨与皮划艇中心线成 90 度直角，使桨包发挥最好的支撑作用。

二、湿逃脱自救

湿逃脱自救是一项重要的安全技能，应鼓励营员在多种条件下进行练习；直至掌握。

湿逃脱自救

（一）技术要点

（1）在进行湿逃脱自救前，练习闭眼寻找防水裙抓环。

（2）将皮划艇向一侧倾斜并翻覆。

（3）进入水下后，双手连续拍打翻覆的皮划艇底部，向周围的人发出求救信号。

（4）拉开防水裙抓环，将防水裙与皮划艇分开。

（5）不要踢腿，腿必须放松，以免卡住。

（6）移动到艇头或艇尾，完成湿逃脱自救。

（二）教学要点

（1）仔细询问营员游泳能力，水性不好的营员不强制要求进行湿逃脱自救练习，待以后各项技术操作熟练后，再进行练习。营员要正确穿戴尺寸合适的救生衣并佩戴救生哨。

（2）向营员说明，可能会发生眼睛和鼻窦进水的情况，需要做好心理准备，也可使用鼻塞和护目镜。

（3）讲解操作步骤，然后进行演示，操作时保持与皮划艇和桨的接触。

（4）如果营员感到害怕，可允许他们在未穿防水裙且没有桨的情况下进行第一次湿逃脱自救练习。

（5）重复练习，以便营员在执行湿逃脱前能冷静地用双手连续拍打翻覆的皮划艇底部。

（6）营员湿逃脱自救时应保持与皮划艇和桨的接触。

（7）确保营员知道如何对皮划艇进行排水。

三、他人救援法

（一）技术要点（图 2-8-2）

（1）当靠近码头或岸边的地方有人落水时，附近的划艇者可以将艇头或艇尾朝向落水者，使落水者能够抓住艇，借助艇的浮力，以适当的速度划向最近的登陆点。

（2）如果周围有两个人的话，可以彼此协助，将落水者和艇都救援上岸。

（3）在远离码头、岸边，或在海上等大范围水域落水时，施救者应采取 T 形救援。

① 救援者操纵皮划艇与落水者的艇的前部呈 T 字形，将落水者的艇头对准自己的艇的中心稍靠前的位置，保持两艇垂直。

①　②　③

图 2-8-2　他人救援法

② 在确保落水者安全的情况下，让落水者在自己艇的尾端与救援者相互用力，将翻了的艇的前端压在救援艇的前半部，艇头翘起，使艇内积水能够排出。

③ 排出倾覆艇的水后，将皮划艇重新下水，保持与救援者的艇平行的状态，准备重新上艇。

上艇方式 1：

落水者靠救生衣使身体仰起与艇平行，面朝艇尾跨出一脚先进入船舱内；然后靠船舱内的脚用力，借用水的浮力撑起自己，进入船舱，然后翻转坐稳。

上艇方式 2：

落水者在两艇的后部中间，双手撑住艇舷，借用两艇的浮力使自己坐上自己艇的后部。

（二）教学要点

（1）作为被救援的一方，不能去抓救援者皮划艇的侧舷，以免救援者翻艇落水。

（2）告知营员落水后尽量保持冷静，在认为不能进行自我救援的情况下，可吹救生哨发出求救信号，指导员会立刻前往救援。

（3）可鼓励营员使用鼻塞和护目镜（或潜水面罩），因为鼻窦进水会使人难受而影响学习效果。

（4）考虑到安全因素，对于初学者，不强制要求演练他人救援法，可待各项技能操作熟练后，再进行他人救援法的操作练习。

（5）强调良好的救援技能将加速皮划艇动作技能的学习。

四、课后小测试

（1）请营员回答浮桨包上艇的操作步骤及注意事项。

（2）请营员回答“进行水上运动时，可能存在哪些安全隐患？”“可以做些什么来提前规避风险？”等问题。

（3）组织营员讨论“开展个人救援有哪些注意事项？”“当自身技能不熟练时，应不应该对他人展开救援？”等问题。

第九节 营地皮划艇运动综合实践

皮划艇运动综合实践以团队协作或竞争的形式开展，有助于激发营员的学习热情，培养团队凝聚力。

一、圆圈集合令

（一）教学要点（图 2-9-1）

（1）指导员发出集合口令，营员开始围成一个圆圈。

（2）要求在限定时间内，营员能够手挽手使艇舷紧密相连。

（3）游戏时间到，没有完成的营员需要接受“惩罚”。

图 2-9-1　圆圈集合

（二）教学目标

（1）锻炼营员对皮划艇的操控技巧。

（2）考验营员的交流能力与组织能力。

二、艇上飞

（一）教学要点（图 2-9-2）

（1）5~10 艘皮划艇紧密并排排好。

（2）艇上的营员需要相互紧紧按住相邻皮划艇的艇舷，使艇尽量保持稳定。

（3）营员依次踩在各艇的前部，以最快的速度向前跑直至落水。

（4）对于不愿参与的营员应积极鼓励，但不强制要求参加。

（二）教学目标

（1）锻炼营员的勇气。

（2）提高营员的平衡能力，熟悉水性。

（3）增强营员的组织协作能力。

图 2-9-2　艇上飞

三、追逐赛

（一）教学要点（图 2-9-3）

（1）根据水域情况和营员人数限定活动区域。

（2）将营员平均分为两个小组。

（3）追逐者用手碰到划艇者就算捉住了对方。

（4）注意安全，躲避追逐时要保持平衡，避免皮划艇翻覆。

图 2-9-3　追逐赛

（二）教学目标

（1）锻炼营员的皮划艇操作能力。

（2）培养营员的协作与竞争意识。

（3）在追逐中默契配合，增进友谊。

四、接力赛

（一）教学要点

（1）限定比赛区域和划行距离。

（2）强调安全意识，明确规则。

（3）营员 4~8 人组成一队，以接力形式和其他队伍竞争。

（二）教学目标

（1）培养营员的集体荣誉感。

（2）锻炼营员皮划艇直行、转弯等操作技能。

（3）检验营员皮划艇划桨动作的熟练程度。

3 第三章 桨板运动

学习目标

1. 了解桨板运动的起源、发展和安全理念。

2. 了解桨板装备的基本分类及功能，并能够在练习中熟练区分装备。

3. 学习并掌握桨板基础技术，如搬运、上下板、划水、转向、安全落水及重新上板等。

4. 能够熟练运用桨板运动的基本技术，体会桨板运动的乐趣。

章节导言

桨板运动于20世纪60年代早期诞生于美国夏威夷，近年来逐渐风靡全球，成为当前最热门的水上户外运动之一，受到诸多专业冲浪选手、水上运动爱好者的青睐。桨板运动使用桨板和桨在水面划行，既考验人的力量和协调性，还能培养人的勇气和毅力，对于青少年而言，更是挑战自我的全新体验。桨板运动一方面可以培养青少年的社交经验，另一方面还能提高青少年的团队协作能力。同时，其突出强调的安全性和人性化原则也会对青少年个人品格的塑造起到明显的促进作用。

第一节 桨板运动概述

一、桨板运动的起源与发展

桨板运动又名直立单桨冲浪，其英文全名为Stand Up Paddle，简称桨板运动（SUP），是从冲浪运动中逐渐衍生出来的水上户外运动项目。冲浪运动最开始只是波利尼西亚人的一项古老运动。在欧洲，冲浪运动最早于1767年在大溪地多芬（Dolphin）的船员记录中。1779年英国航海家、探险家库克船长死亡后，詹姆斯·金（James King）中尉在库克船长的日志中也发现了冲浪运动的存在。后来，经1912年奥运会游泳冠军卡哈纳莫库（Duke Paoa Kahanamoku，夏威夷人）大力倡导，冲浪运动在美国加利福尼亚日趋流行。

20世纪70年代早期，美国夏威夷海滩有一支名为“Beach Boys of Waikkiki”的冲浪爱好者组成的队伍，因为队员需要为学习冲浪的初学者们拍照，所以经常站在特制加长的冲浪板上。也是因为这个原因，桨板的另一个名称就叫做“Beach Boy Surfing”（BBS）。后来，教授冲浪技术的教练员们为了管理逐渐增多的学员，决定站在冲浪板上以拥有更好观察学员的视野，也易于监视区域周围是否有突发情况的发生。只是当时由于生产技术以及各方面受到限制，教练员们只能使用普通材质、长度的冲浪板和桨在水面划行。1964年，国际冲浪联合会（ISF）成立，总部设在美国。联合会成立当年就举办了世界冲浪锦标赛，而后每两年组织一次。1976年，国际冲浪联合会改名为国际冲浪协会（ISA），简称国际冲协。1980年开始举行世界青年冲浪锦标赛。1982年国际冲协得到国际单项体育联合会总会的承认，1995 年 6 月 15 日国际冲协得到国际奥委会的承认。

21 世纪是桨板运动快速发展的世纪。2004 年夏威夷本土冲浪者里克·托马斯（Rick Thomas）把一块桨板带回了加利福尼亚，桨板从此开始全面发展起来。2006 年加州人德布（Deb）和沃伦·托马斯（Warren Thomas）将第一款特殊的桨板产品推向市场，并在 2007 年开设了第一家专门的桨板商店。随着桨板运动的不断发展，桨板在功能使用上出现了一些明显的分类，使桨板不仅仅是单纯的乘浪行驶。现在，一些桨板的形状、性能、市场定位上有了明确的针对性，比如白水桨板、竞速桨板、冲浪桨板、瑜伽桨板等。

桨板运动作为现时最热门的水上运动之一，正成为全球发展最快的休闲娱乐性户外运动。一方面桨板在平静无浪的水面可以通过划桨加快速度，在内陆水域可以开展；另一方面，桨板比冲浪板更易于控制，又能体会到冲浪的刺激。桨板运动非常适合在青少年户外体育活动营地中开展，简单易学、富于刺激、充满挑战的桨板运动对于青少年而言，是一项挑战自我的全新体验。在桨板运动中，需要青少年一方面时刻注意水面变化，另一方面需要关注自身的动作是否正确，因此对于青少年的注意力、观察力、手眼脚配合能力等都能起到很好的促进作用。在开放水域活动时，由于水域和天气等未知因素，青少年的应变能力、直面挫折的能力等都能得到提高。桨板运动强调伙伴关系，无论是营员还是营地指导员都必须有一个伙伴监视自己的活动，以便在遇到困难时得到及时救助，因此对于发展青少年的团队合作精神和人际交往能力有着积极的作用。另外，桨板运动突出强调安全性和人性化原则，也会对青少年个人品格的塑造起到十分明显的推动作用。

二、桨板运动的安全理念

营地指导员有责任和义务去帮助并确定营员的安全，从而给营员提供一个愉快、安全的学习氛围。无论在课程练习中还是在练习结束后，安全是营地开展所有活动所必须考虑的第一要素。

（一）安全教学指导原则

桨板课程必须遵守以下原则：

（1）一名指导员一次同时最多教授 8 名学生。

（2）指导员必须提前到场以确定周围环境状况，并与救生员时刻保持联系。

（3）营员的姓名、电话、联系方式、紧急联系人、安全责任声明必须在课程开始前就记录好。

（4）给每位营员安排合适的桨板，并教导营员如何正确地拿板搬运和穿脱脚绳。

（5）给每位营员一件颜色相同的防磨衣以方便确认身份。

（6）确认急救包、救生哨以及可移动的救援板就在岸边。

（7）每堂课都要有介绍安全须知环节，并针对当天的状况和存在的危险加以讲解。

（8）上课前对课程的目标加以清晰明确的陈述。

（9）组织管理好团队，确保完全可以全程看护营员。

（10）规划好课程，让营员不要离开指导员，避免因强风或急流将他们冲走。

（11）告知营员应保持安全距离以避免碰撞。

（12）在每堂课程开始前必须确认营员已知求助和召回信号是什么。

（13）必须确保营员所运用的每个技巧都是指导员或助教在岸边和水中教授过的。

（14）营员应被安排在合适的位置以使他们能够清楚地看到示范教学。

（15）课程教学的过程必须是讲解—示范—参与—反馈。

（16）使用一些教学技巧和提示，以强调技巧的重要部分。

（二）水上安全原则

1. 严格的监督

每次开展活动练习时，应保证有一名救援者，该救援者须能够熟练进行站立式桨板的安全操作，能在没有危险的平静水域进行夜间操作，具备营救营员或指导员的知识和能力。

2. 人员健康检查

救援者应查看所有参与者的健康记录，提前预防与个人健康状况有关的风险，并适时对活动进行调整。

3. 游泳能力

建议参加桨板活动的营员提前学习游泳，再去报名参加桨板运动的学习。

4. 伙伴制度

每个参加桨板学习的营员，都必须保证附近有一名伙伴；在进行活动时，营员们相互监督，一旦有人发生危险，伙伴可以及时发出求助信号或提供帮助；在教学过程中，指导员也须有一个熟悉桨板安全技术操作的伙伴。

5. 提前计划与准备

指导员一定要在平静水域进行初级技术的教授，充分保证营员的人身安全。另外，开展水面活动前一定要提前查清楚天气变化、紫外线强度、风力、水流等外部环境因素，如有任何异常，应及时调整计划，如推迟、缩减教学计划，或适时添加一定的室内活动，如安全讲解、比赛观摩等。遇到闪电或打雷，如果需要再次进行水面活动，应在闪电或打雷结束后至少 30 分钟才能回到水中。

指导员应根据天气、水温及时让营员调整衣装。在水面练习时，建议携带鞋、防晒霜、防晒唇膏、防晒帽、太阳镜和水瓶。

6. 纪律性

指导员应着重强调队伍的纪律性，不仅仅是指让学员遵守安全划桨的原则，还需要让学员做到练习时听从教练的命令。

三、教学与活动的选址

在青少年户外营地开展桨板运动，一般选择在平静水域——无风、无浪、无激流、平静、平坦或离岸边距离较近的非船渡区域进行教学和练习。在开展活动前，营地指导员应提前检查活动区域中是否有淹没在水中的树木或其他大型物体，以保证营员从桨板掉下后不会受到伤害。开展桨板运动时，营地指导员在选择场地上应注意以下几点：

（一）天气

（1）避免在雾、烟、粉尘天气活动。

（2）选择合适的气温和水温下水。

（3）避免在大风天气外出活动。

（4）避免在雷雨天气活动。

（5）建议太阳紫外线特别强烈时不要外出活动，避免晒伤。

（6）建议天气十分干燥时不要外出，避免营员发生脱水。

（二）水域

（1）避开水质不达标，水污染严重的水域。

（2）在水生动植物较多的水域，尽量减少活动。

（3）不建议在经常出现水上摩托、快艇、风筝冲浪者等竞速类运动的水域开展教学活动。

（4）避免选择有石头、漂浮物等障碍物的水域。

（三）陆地教学场地

（1）尽量不要靠近大、中型渡口，规避人流量大的区域。

（2）提前查看地面，避开湿滑、有尖锐物等的区域。

（3）观察准备选择的区域周围是否存在敏感类动植物族群，开展活动时尽量绕开它们的生态栖息地。

四、规则和礼仪

桨板运动课程较为强调安全性和人性化。由于水上运动存在不可预测性，因此学习桨板运动的营员应特别注意遵守规则和礼仪，以避免发生不必要的危险。营地指导员作为营员学习桨板运动的领路人，更应该以身作则，树立良好形象。基础的桨板运动技巧和注意事项应在营员去往开放水域练习前就已经教授给营员，并确保营员熟练掌握。营地指导员在教授营员桨板课程时，应合理地将礼仪和沟通守则穿插到课程教学中去，确保课程的有趣性，防止课程乏味。

（一）课程开始前

（1）营地指导员应提前了解场地信息，切勿将教学安排在使用水域的高峰时段。

（2）营员间应先相互仔细检查安全装备的穿戴，营地指导员最后核查，减少安全隐患。

（3）营员应协助营地指导员整理上课前所需装备和材料。

（4）营员应听从营地指导员的命令，不能擅自离开安全区域。

（5）必须穿戴好救生衣和脚绳才能下水。

（6）营地指导员应介绍紧急召回和需要协助的信号，并教会营员如何在需要紧急求救的情况下，吹响救生哨；同时约定好救生哨的使用情况，营员不能随意吹响，以免造成不必要的人力、物力资源的浪费。

（二）水上练习中

（1）遵循排队原则，逐个快速地进入水域，切勿造成进出口的拥挤。

（2）注意公共场合言行举止，做到行为稳妥，不使用任何带有冒犯性的言行，尽量减少噪声，不吸烟喝酒等。

（3）听从营地指导员的命令，不能擅自行动。

（4）切勿嬉戏打闹，注意桨板间的安全距离。

（5）桨非常重要，要一直抓握在手中，无论发生什么情况都不能丢桨。

（6）当有人划桨冲过来时，注意避让，以免受伤。

（7）当与其他团队相遇时，应该与其领队或教练员积极沟通，在言语态度上保持应有的礼貌，不能擅自侵占区域和打扰其他团队，避免发生冲突和给对方带来麻烦。

（三）课程结束后

（1）遵守营地的装备整理和放置规则，积极协助整理。

（2）注意保护生态环境，不乱丢废弃物，不乱捕、乱采水域生物。

（3）尽可能带走产生的垃圾，保护水域周围环境。

（4）离开时使用指定的出口通道，快速通过，避免拥挤。

（5）不要在易受污染的水域中长时间逗留。

（四）其他方面

在营地活动中，任何形式的歧视都可能会引起营员自卑、屈辱、尴尬、害怕等消极情绪的产生，还会影响营员的运动表现、运动的享受程度、对营地指导员的信任与安全感等。因此，在活动过程中，营地指导员还应注意以下方面：

（1）在上课过程中，公平对待每一位营员。

（2）当营员间发生冲突时，应快速找出冲突原因，耐心、冷静、包容地开导营员，妥善、公正地解决，注意用词，切勿偏袒任何一方。

（3）当营员询问装备或技术问题时，营地指导员应以包容、平和的心态回复、指导营员。

（4）营地指导员在与营员接触时，应注意言行举止，避免过激行为。

五、风险管理

（1）确保教学和活动区域的安全。

（2）每次活动前都要检查上课区域是否存在安全隐患，避免营员受伤。

（3）确定参与人数。一名营地指导员最多只能指导 8 名营员。在课程练习时，确保营员在营地指导员的视线范围内，以防走失发生危险。

（4）提前核查营员的身体健康情况，对有心脏病、癫痫等重大疾病史的营员，如应重点监视，避免此类营员进行剧烈活动。

（5）每次上课前应一一核查营员穿着是否合适、安全。

（6）对于缺乏运动或者不善于游泳的营员，应重点关注，避免发生危险。

（7）对于突发状况，营地指导员应快速稳静情绪，一方面抚慰急躁不安的营员，一方面与外界联系，寻找急救方案；或及时取消课程，等转移到安全地带后再做一些有趣的学习活动以稳定营员情绪。

（8）营员在水中练习时应隔开距离，降低碰撞的可能，避免营员受伤情况的发生和桨板受损。

（9）提前做好紧急行动计划和详实的场地分析，确保所有危险因素都在掌控之中。

六、课程计划

桨板运动作为一项新兴水上运动，从 2009 年引入国内后就吸引了众多的水上运动爱好者，也逐渐形成了一套适合青少年学习的课程。对于初次接触桨板运动的营员来讲，其基础动作主要包括上板、跪姿划水、站姿划水前进、划桨操作、划桨左转和右转、下板。

本教材为营地开展桨板运动制定了一份推荐课程表，按常见的六天时间安排了各单元的教学内容，供营地管理者和营地指导员参考（表 3-1-1）。

表 3-1-1　营地桨板运动课程表

<table>
<tr><th colspan="2">时间</th><th>第一天</th><th>第二天</th><th>第三天</th><th>第四天</th><th>第五天</th><th>第六天</th></tr>
<tr><th colspan="2">主题</th><th>抵达开营</th><th>初遇桨板</th><th>桨板初体验</th><th>水上冲浪</th><th>桨板大赛</th><th>顺利返程</th></tr>
<tr><td>早餐</td><td>8:00—8:30</td><td>抵达营区</td><td>早餐</td><td>早餐</td><td>早餐</td><td>早餐</td><td>早餐</td></tr>
<tr><td>上午</td><td>9:00—11:30</td><td>开营仪式（团建/分组/营规/目标/熟悉营区）</td><td>装备认识与穿戴（公共装备/个人装备）</td><td>划水姿势练习（跪姿划水/站姿划水）</td><td>转向练习（原地转向/后踩转向）</td><td>综合性练习（带营员熟练各部分技术动作）</td><td rowspan="2">结营仪式（回顾/授勋/分享/合影）</td></tr>
<tr><td>午餐</td><td>12:00—14:00</td><td>午餐+午休</td><td>午餐+午休</td><td>午餐+午休</td><td>午餐+午休</td><td>午餐+午休</td></tr>
<tr><td>下午</td><td>14:30—17:00</td><td>脚绳的穿脱和桨板的搬运（单人搬运/双人搬运）</td><td>安全上板、下板技巧练习（趴姿上板/跪姿上板/下板）</td><td>桨法练习（前划桨/倒划桨/正向扫桨/反向扫桨/横向移动）</td><td>安全落水与重新上板练习（正确的落水技术/重新上板）</td><td>营地桨板定向赛</td><td rowspan="3">顺利返程</td></tr>
<tr><td>晚餐</td><td>17:30—18:30</td><td>晚餐</td><td>晚餐</td><td>晚餐</td><td>晚餐</td><td>晚餐</td></tr>
<tr><td>晚上</td><td>19:00—20:00</td><td>观看桨板记录片（激发对桨板的热情）</td><td>桨板模型手工（进一步加强对桨板构造和装备的认识）</td><td>桨板视频欣赏（如楠溪江国际桨板公开赛）</td><td>篝火晚会（露营/才艺展示/分享）</td><td>营地嘉年华（游戏/休息调整）</td></tr>
</table>

课程计划可安排如下：

第一单元：桨板运动装备与器材

本单元向营员介绍各类装备，使营员熟悉装备及装备的组装，也向营员介绍如何合理选择桨板、桨、救生衣等。

第二单元：脚绳穿脱和桨板搬运

脚绳和搬运技术在营地桨板活动中都是必须掌握的技术，本单元将向营员教授脚绳穿脱的正确方式，单人搬运以及双人搬运中营员间的相互配合和站姿。

第三单元：上下板技术

安全上下板是营员在开展水面练习前所必须学会的技术，也是串联所有技术的基础技术，掌握难度略大。本单元将向营员重点讲解趴姿上板、跪姿上板和安全下板的重心控制。

第四单元：划水姿势

划水姿势分为两类，一类是跪姿划水，另一类是跪姿转站姿划水、站姿划水，其中跪姿转站姿划水又分两种方法，一种是一般的跪姿转站姿方法，另一种是三脚架法。本单元将向营员讲解跪姿划水和两种跪姿转站姿划水方法的基本原理和技巧。

第五单元：桨法技术

在营员学习了基础的划水姿势后，营员就可以进行桨法技术的练习，本单元将向营员讲授前划桨、倒划桨、正向扫桨、反向扫桨以及横向移动的技术动作，使营员充分体会到桨板的乐趣。

第六单元：转向技术

这单元是建立在之前基础技术上的进一步技术学习，是顺利开展桨板运动的关键，重点讲解原地转向和后踩转向的扫桨方法。

第七单元：安全落水和重新上板

为了避免营员在落水后受伤并保证安全上板，本单元将重点向营员讲授正确的落水技术和重新上板需要重点掌握的细节。

第八单元：营地桨板运动综合实践

本单元将重点向营地指导员介绍如何组织一场正式的营地桨板定向比赛，以检验营员们所学的技能。

第二节　桨板运动装备与器材

一、常用装备

除桨板和一支高于身高的单桨之外，桨板运动的装备与器材与其他大多数水上户外运动类似，如救生衣、救生哨等。在营地开展桨板运动，通常需要按表 3-2-1 准备装备和器材：

表 3-2-1 桨板运动常用装备

序号	名称	规格要求	备注
集体装备			
1	救生衣	根据营员的身高体重确定尺寸	通过安全认证
2	桨板		
3	桨	高于使用者的身高	
4	板蜡		增加桨板摩擦力
5	高压打气筒		用于充气式桨板
6	救生哨		
7	急救包		
8	急救手机		
9	课程旗帜		
个人装备			
1	遮阳帽		
2	太阳镜		
3	防晒乳		
4	防晒唇膏		
5	水杯		
6	桨板日记本		
7	防寒衣		
8	防磨衣		
9	鞋		

二、集体装备

（一）救生衣

所有参加营地活动的营员都必须穿戴有安全认证的救生衣。救生衣分为半浮力救生衣、全浮力救生衣、救援型救生衣。要根据营员的身高体重确定合适的尺寸——穿好后将所有的带子都系紧，然后抬起肩膀，此时救生衣不应该从颈部往上跑，如图 3-2-1。因为一旦落水，身体会下沉，救生衣会上浮，错误的穿法将不能起到很好的保护作用。

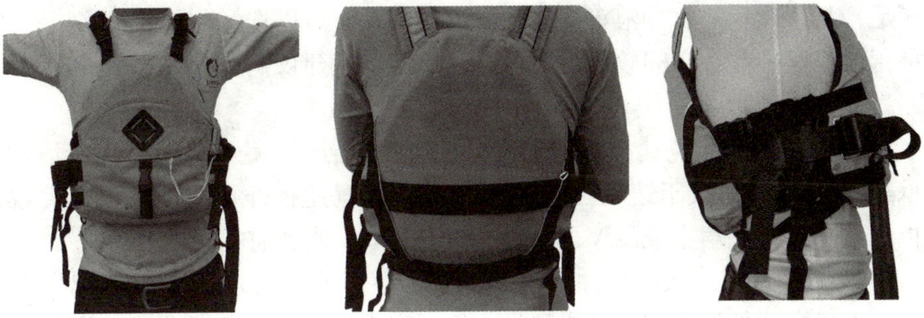

图 3-2-1　救生衣的穿法

（二）桨板

1. 桨板按材质分类

目前市面上的桨板可分为两种，一种是充气式桨板，又称软式桨板；一种是硬式桨板，又称环氧树脂、玻璃纤维或传统桨板。在选择桨板时，须根据营员的能力、身高体重和桨板是否能提供足够的浮力，来选择长宽尺寸；同时还要考虑桨板的板型，平坦的板型最能提供稳定性。营员在初次接触桨板运动时，一般建议营地或营地指导员提供充气式桨板给营员使用。

2. 桨板的选择

选择桨板通常可从以下几个方面来考虑：

（1）可运输性。便于携带是充气式桨板最突出的一个特色，也是最大的卖点之一，因为不需要为此配置一辆专门用来托运的车辆或者安装车顶架。充气式桨板在放气后，可以放进一个一米左右高的背包里，便于携带。

（2）方便储存性。在选择桨板时，需要考虑是否有足够的空间储存放置，如果家里或营地没有足够的储存空间，建议购买充气式桨板。

（3）耐用性。硬式桨板的材质相对于充气式桨板更耐用，使用寿命更长，但怕剧烈的碰撞造成变形。充气式桨板虽然易于携带，但放久了桨板上的胶会老化、开胶，还可能出现漏气的情况，而且使用过程中的各种磕碰也会在一定程度上损耗其使用年限。

（4）功能性。硬式桨板更具灵活性，在水面上划行更容易。如果选择在海面冲浪，也更容易抓浪。另外，用硬式桨板进行竞速或远航，也比充气式桨板更容易控制、速度更快。国外有网站测试，发现在中等风速下，使用 3.85 米的充气桨板速度为 6.08 千米 / 小时，3.85 米硬桨板的速度为 6.37 千米 / 小时；在激烈的冲浪中，使用 3.85 米充气桨板速度为 7.85 千米 / 小时，3.85 米硬桨板速度可到 8.38 千米 / 小时。

（5）成本。国内目前硬式桨板的价格稍微高于充气式桨板。如果预算充足，又喜欢竞速、冲浪等追逐刺激性的活动，可以选择购买硬式桨板；如果营地或家中储存空间较小，又经常外出活动，建议购买充气式桨板。

3. 桨板按功能分类

（1）竞速板。竞速板追求的目标是速度。当然，稳定性、转向灵活性、承载能力均作为次于速度性能的考虑范畴。竞速板外形窄细，板头尖锐，板尾扁平，板底扁平或浅V，翘曲度几乎为零，或者前端稍稍上扬。

（2）旅行板。旅行板注重速度、稳定性和承载能力，转向灵活性不作为重点考虑。外形窄细，板头稍尖，板尾扁平，板底扁平或浅V，翘曲度几乎为零，或者前端稍稍上扬。踏板垫面积不大，往往只占据中间把手前后。

（3）通用板。通用板适用于所有冲浪运动，但与各技术性桨板相比会差一些。一般兼顾所有性能，如速度性、转向灵活性和稳定性。板头钝圆，板尾尖圆，板底浅弧，翘曲度中等，踏板垫面积大，往往覆盖整个板面的中后部。

（4）冲浪板。冲浪桨板和不使用桨的冲浪长板相比除了体积稍大，外形等方面差别不大。转向灵活，波浪适应性好是其设计首要考虑对象，板头稍尖，板尾扁平，板底扁平，板头翘起。

（5）白水板。白水板主要在激流白水中使用，可用于游玩、培训等活动中。板头钝圆，板尾扁平，板底浅弧，板头翘起。

（6）水上瑜伽板。在水上可以做瑜伽的桨板，是水上运动与瑜伽的完美结合。一般长度较短、厚度薄，板头尖圆，板尾钝圆，板底浅弧，翘曲度最大，踏板垫面积大，往往覆盖整个板面的中后部。

作为初学营员一般是使用软式桨板——充气式桨板，其通常规格为：3.33 米长、1.07 米宽、0.15 米厚；身材较为高大的营员建议使用 3.67 米长、1.1 米宽、0.16 米厚的桨板。

4. 桨板的结构（图 3-2-2）

（1）板头（Nose）。板的最前端。板头形状尖锐，有利于破浪穿行，保持航向；板头形状圆滑则有利于灵活转向。根据板的主要使用场景，可设计成纯圆、纯尖，或圆中带尖、尖中带圆。

（2）板尾（Tail）。板尾的形状更加丰富多样一些。其形状和板头一样对转向性能有影响，但弱很多。重点在于其流线型程度、厚薄、吃水深度等会影响尾部涡流的大小，也就是水阻的大小。燕尾和鱼尾形专门为在非常陡峭的浪上冲浪而设计，可大幅增加骑浪的稳定性。

（3）板面（Deck）。板面或者甲板，即板的正面，站人的那面，没有太多的设计要点。反倒是板面上的踏板垫面积和位置、行李固定点数量等因板的功能定位不同而不同。

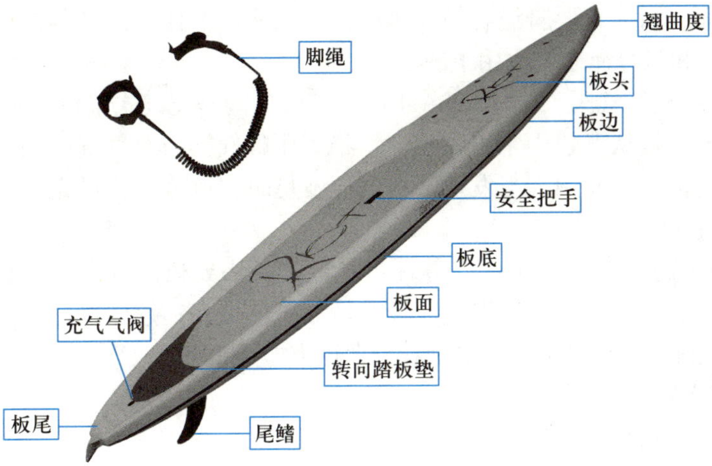

图 3-2-2 桨板的结构

（4）板底（Bottom）。板底或者板腹，即板吃水的那面，它的横截面轮廓对性能有很大影响。板底扁平，稳定性好；略带浅弧，稳定性欠缺，操控性好；板底浅 V，操控性和循迹性均好，稳定性欠缺。

（5）板边（Rail）。板边即板两侧的边缘部分，其设计要点不外乎厚薄之分。通常旅行板板边较厚，用以增加体积和稳定性；冲浪用途的板则边缘较薄，以加强转向灵活性。

（6）转向踏板垫（Steering pedal）。踏板垫是由橡胶制成的，背面有粘胶。踏板垫黏在板面的后方给后脚站立时使用，其上面橡胶的部分不仅可以提供摩擦力，而且还可以减少板蜡的使用。踏板垫后面突起的地方叫做脚踢垫，可以让划桨者在转弯或者做大动作时不会跌倒。

（7）安全把手（Handle or Hand well）。桨板的前方、后方的安全把手一般用于抬板，后方把手同时也可以用于连接脚绳。桨板左右侧以及中间的安全把手可帮助划桨者从水中爬上桨板，同时中间的安全把手也可以用于横向抬板。

（8）尾鳍（Fin）。尾鳍对于桨板的稳定性和循迹性至关重要，但是同时也增加了不少水阻力。它的尺寸、面积和形状决定了它在上述性能中的表现。尾鳍面积越大，稳定性越好，水阻越大；尾鳍入水深度越深，稳定性越大，水阻也越大；安装位置越靠前，转向灵活度越高，越靠后，循迹性越好。

（9）脚绳（Leash cup）。脚绳可以将划桨者与桨板连在一起，便于落水时快速上板，同时桨板本身的浮力在一定程度上可保证营员的安全。脚绳分为直形脚绳、螺圈形脚绳以及两者的混合绳。其中，螺圈形脚绳适用于平坦水面，因为直形脚绳容易在水中拖拽，从而卡住桨叶或其他装备，但直形脚绳和混合绳通常适用于冲浪。

（10）充气气阀（Inflatable valve）。充气气阀是充气式桨板充气的阀门，当充气式桨板从背包中拿出使用时，将高压打气筒与充气气阀相连，充满气后，桨板才能使用。当发现桨板气压不足时，也可以通过充气气阀补充桨板内的气压。

（11）翘曲度（Rocker）。翘曲度指的是板头到板尾的底部轮廓的弯曲上扬程度。翘曲度高，波浪适应性和转向灵活性高；翘曲度低，循迹性和速度性能好。不同功能定位的板在翘曲度上差异很大。

（三）桨

桨高的调节

1. 桨的材质分类

按照材质的不同，桨可分为玻纤桨、碳纤维桨（又分为全碳纤维桨和半碳纤维桨）、铝合金桨。其强度排序一般为全碳纤维桨 > 玻纤桨 > 半碳纤维桨 > 铝合金桨；重量排序一般为铝合金桨 > 半碳纤维桨、玻纤桨 > 全碳纤维桨。

2. 桨的结构（图 3-2-3）

（1）桨柄。

（2）T 字形把手。

（3）桨叶。

图 3-2-3 桨的结构

使用较轻的桨一方面可以缓解手部疲劳，另一方面可以提高划水的效率。选用的桨的高度一般比使用者高出 15~20 厘米，也有生产商建议高出 20~25 厘米（图 3-2-4）。

① ② ③

图 3-2-4 桨高竖向调节

桨高横向调节方法为，一手握 T 字形把手，另一手握桨柄，双手举起，小臂与大臂尽量垂直，大臂与地面尽量呈水平状（图 3-2-5）。

可以调节长度的桨能够适用于不同身高的营员。

①

②

图 3-2-5　桨高横向调节

（四）板蜡

板蜡是一种化合物，涂抹在桨板上以增加桨板摩擦力。板蜡通常有软硬两种规格。硬的板蜡适用于温暖炎热的天气，而软的板蜡适用于寒冷的天气。板蜡一般以画圆打圈的方式涂抹在桨板脚踩的位置上。

（五）高压打气筒

由于作为初学者的营员一般是使用充气式桨板，需要及时补充桨板气压，因此需要携带高压打气筒。高压打气筒的工作原理，是通过三个依次减小的气缸对同一气体进行三次压缩，从而产生高压气体。

（六）救生哨

由于未知的水域特点以及天气等因素等突发状况，每位营员都必须备有一只可以在任何水域都很容易吹响的救生哨，以利于在发生危险的时候及时发出求救信号，得到快速的救助。

（七）急救包

营员在练习过程中，难免会受到一些小的创伤，因此，指导员必须准备好急救包，且保证急救包内医疗物品的完整，并做到随时补充。其所备物品一定是针对课程环境和一般常见受伤等所准备的，如医用胶带、安全剪刀、手术手套、创可贴、蝴蝶型胶布、碘伏、医用酒精、高锰酸钾、酒精棉球、湿巾等。营地指导员的职责就是确保营员可以容易取得急救箱，在受伤的时候及时得到治疗。

（八）急救手机

将紧急情况时所需的所有电话号码（包括最近医疗机构的电话）存在

一个手机中，并且在上课练习时一定要保证这个手机是充满电的。

（九）课程旗帜

可以在教学范围区域使用旗帜标示教学和练习区域。鲜明的旗帜可以提示岸边的其他人清楚营地正在进行桨板课程的教学，请他们保持安全距离。另外，每个地方都有不同的旗帜与表示规范，要注意遵守。

三、个人装备

（一）遮阳帽

在水面上活动时，由于水面的反射，导致紫外线对皮肤的伤害特别大。遮阳帽可以遮挡来自上方的紫外线，但是不能遮挡被水面反射的紫外线。使用遮阳帽后再涂防晒乳，会起到更好的防护效果。

（二）太阳镜

太阳镜能防止太阳光中的紫外线损伤角膜和视网膜，特别是由于水面的反射，导致人在水上活动时会受到比陆地上更多的紫外线的照射。防护较好的太阳镜能滤去多达 90% 的入眼紫外线以避免伤害，因此，建议营员在水面活动时一定要佩戴专业的水上太阳镜。

（三）防晒乳

由于在水面上活动时身上经常会沾水，皮肤水分的快速挥发容易导致吸收的紫外线更多，也更容易被晒黑，严重情况下会把皮肤晒伤。所以建议营员上课前擦好防晒乳，以免晒伤，另外防晒乳最好随身携带，以便于随时涂抹。

（四）防晒唇膏

由于水面上紫外线照射强烈，而唇部肌肤又特别敏感脆弱，所以唇部更需要滋润、隔离以及防晒。因此建议随身携带一枚防晒唇膏，最好选择质感轻薄，并带有一定防晒指数的。

（五）水杯

携带好个人水杯，以做到及时补水。水杯可以在教学区集中存放，也可以让营员用专用背包携带。

（六）桨板日记本

营地指导员需要及时问询营员对于课程的反馈，因此营员需要自备日记本记录练习中的问题和疑惑，一方面有利于营地指导员了解营员的学习情况，另一方面营员的桨板日记还可以如实反映出营地指导员的上课情况。

（七）防寒衣

1. 防寒衣的功能

防寒衣不仅可以保暖，而且还可以增加浮力、防紫外线同时防止割伤和擦伤。因为防寒衣可以将身体热能隔绝在衣服和皮肤之间，从而可以保证营员在水上的体温恒定，所以防寒衣必须要贴身穿才能舒适，才能发挥它的最大作用。水温越低，需要的防寒衣越厚。

2. 防寒衣的保养

防寒衣的保养一般是放置在冷水中洗净，然后放到阴凉处任其自然干燥。防寒衣的选择如表 3-2-2 所示。

表 3-2-2　防寒衣的选择

种类	长度	功能
Steamer	长袖长裤	冰冷水温
Spring Suit	短袖短裤	一般温度
Tube Suit	无袖长裤	一般温度
Wetsuit Top	半身短或长袖	一般温度

（八）防磨衣

当不需要穿防寒衣时，营地指导员需要建议营员穿上防磨衣，因为穿上长袖防磨衣不仅可以防止晒伤，还可以防止磨伤，一定程度上也易于营地指导员分辨营员。

（九）鞋

建议营员在水上活动时，可以穿一双不容易从脚上脱下的鞋，一般是选择溯溪鞋，可以保护脚同时保证水分快速蒸发。因为水域可能会存在一些尖锐的物体，如玻璃碎片、鱼钩、贝壳、石头等，划伤后很难再继续练习，在一定程度上会影响营员的体验。

四、装备的维护和储存

（一）器材维护

（1）无论是桨板、桨、脚绳还是救生衣等器材设备，都必须用清水洗净，避免河水或海水中的有害物质残留。

（2）洗净后，将器材放置在阴凉、干燥处，避免阳光直射。

（3）装备使用时，应确保使用的方式安全无误。

（4）应该及时修补磨损的桨板，否则容易导致学员受伤。可以适时向桨板制造商求助，寻求桨板最适合的补修方式。

（5）定期检查装备的磨损及安全程度，器材的维修程度反映了营地指导员的专业水平。

（二）器材储存

（1）储存方式关系到器材的使用寿命。因此，器材在场地的进出使用，需要严加把控。

（2）确保有足够的空间存放搬运，方便搬运的路线和安全防盗的管理。

五、课后小测试

（1）通过开展装备小游戏来加强营员对集体装备和个人装备的认识。如让营员分成两组，一组在进行活动的同时，另外一组和营地指导员在一侧旁观并记录失误。游戏结束后，给与失误最少的组一定的奖励。

（2）用知识问答的方式可以检查营员对各部分装备的了解情况。营地指导员可以在课程中随机穿插提问，从而加强营员记忆。

第三节　脚绳穿脱和桨板搬运

一、脚绳的穿脱

在桨板运动中，脚绳在很多情况下都是一个至关重要的安全装备，特别是在水中遭遇危险情况导致落水时，与小腿连接的脚绳不会使桨板被水流冲走，一定程度上保证营员的安全。因此，在下水前学习脚绳的穿脱是营地中最重要的一节课。

（一）技术要点

脚绳的系法

（1）脚绳的一端用魔术贴绑在脚踝或小腿上（膝盖以下的位置），另一端用魔术贴绑在板尾的脚绳扣或者桨板后方的安全把手上（图 3-3-1）。

图 3-3-1　脚绳的系法

（2）解除脚绳时，首先确保自己已经上岸并安全，然后先解开连接在脚上的魔术贴，再解除连接在桨板上的魔术贴。收脚绳时注意捋顺脚绳，切勿缠绕。

脚绳的解除

（二）教学要点

（1）确定讲解示范动作时，所有营员都可以清晰地看到示范动作。

（2）营员分组练习时，营地指导员注意规范脚绳绑法的动作细节。

（3）对于营员经常会出现失误的细节，应及时纠正，以免营员在后续的练习和比赛中形成错误的习惯。

二、桨板的单人搬运

在桨板运动中，桨板的搬运也是营员所必须学会的一项技术，因为无论是上课前还是下课后都需要将桨板搬运到指定的地方使用或储存。掌握桨板的搬运方法一方面可以节省营员的体力消耗，另一方面可以降低不正确搬运方式给桨板带来的损耗。单人搬运又称腋下携带，适用于搬运重量较轻或较短的桨板。

单人搬运

（一）技术要点

（1）将桨板放到一侧腋下，将同侧手放在用于横向搬运的中间安全把手上，抓紧把手。

（2）屈膝抬板，腰背挺直（图 3-3-2）。

图 3-3-2　单人搬运

（二）教学要点

（1）单人搬运时，如果营员抬板的力量不够横向抬起整个板，最好让营员用板面上的安全把手抬，以免损坏尾鳍。

（2）桨板的单人搬运强调身体各部位间相互配合，营地指导员可以组织一些单人搬运小游戏，考察营员搬运动作的正确性。

三、桨板的双人搬运

双人搬运适用于桨板较重或较长的情况。

（一）技术要点

（1）一人站在板头的位置，用左手抓住桨板前方的安全把手。

（2）一人站在板尾的位置，用右手抓住下侧板边。

（3）两人分别站在桨板左右两侧，面向前方，如图 3-3-3。

图 3-3-3　双人搬运

（二）教学要点

（1）由于双人搬运强调两人间的相互配合，因此营地指导员在讲解示范动作时应着重强调两人配合时应注意的细节。

（2）当发现营员搬运动作出现错误时，应及时纠正，避免因错误的搬运方式损耗体力或磨损桨板。

（3）营地指导员可以组织双人搬运小游戏，一方面可以考察营员搬运动作是否正确，另一方面可以提高营员间的合作能力和语言表达能力。

四、风险管理

（1）初次接触桨板运动的营员安全意识不高，经常会忘记在下水前穿戴脚绳。因此，在进行桨板运动的学习时，营地指导员要反复强调脚绳的重要性，以防发生危险。

（2）营员在搬运桨板时，不能过于着急，要注意单人、双人搬运时的站姿，特别是单人搬运时应注意尾鳍位置，以免损坏。

五、课后小测试

（1）脚绳的穿戴正确与否和营员的生命安全息息相关，营地指导员可以组织营员分两组开展脚绳穿脱比赛，让营员相互检查、指正错误，错误较少的那一组给予一定奖励。

（2）单人搬运和双人搬运是营员除技巧动作外所必须掌握的一项技术，营地指导员可以组织营员分四组分别进行单人、双人搬运接龙游戏，让营员在游戏的同时体会身体动作或团队间的相互配合。一组开展游戏时，另一组负责记录所犯失误，结束后相互交流，增强动作规范意识。

第四节　上下板技术

开展水面练习的第一步就是要学会如何在水中上板，这里介绍两种不同的上板方式：趴姿上板适用于在浅水区或划行过程中落水之后上板，比较适合第一次接触桨板的初学者使用；跪姿上板适用于在岸边、桥边或码头上板，营员重心位置比趴姿上板要高，适合有一定基础的营员使用。下板技术则是在水中划行结束后上岸时使用。

一、趴姿上板

（一）技术要点

（1）把桨板放入浅水区，站在桨板旁，握住桨柄中间把桨拿起来，T字形把手端向前。

（2）然后身体滑到板上趴好，调整位置使桨板稳定。

（3）单手拿桨，将桨叶放在胸前下方，弧状端向前，T字形把手朝向板头。

（4）趴在桨板上徒手划水移动。

（二）教学要点

（1）根据营员的身高情况选择合适的上板区域。

（2）上板之前需在岸上进行动作的讲解示范和练习。

（3）对于初次接触桨板的营员，指导员可对营员进行辅助，比如在水中帮助稳住桨板。

（4）让营员逐渐习惯桨板的运动方向。

二、跪姿上板

（一）技术要点

跪姿上板

（1）将桨板推进浅水区，站在桨板旁边，桨就像支架一样靠在板子边上。

（2）一只手撑在岸边，一只手始终拿着桨。

（3）在岸边蹲下，伸出一只脚在板上呈跪姿，一手扶着岸边，把另一只脚也移上板。

（4）双膝跪在板子的中间，感受板子的平衡点，使板子的头部不会翘起，尾部不会沉到水里。

（二）教学要点

（1）在岸上检查好营员装备的穿戴之后再让其下水，重点检查脚绳和救生衣。

（2）尾鳍插沙里是初学者常犯的错误，注意避免。

（3）手要一直拿着桨，可用桨辅助上板。

三、下板

下板

（一）技术要点（图 3-4-1）

（1）靠近岸边的时候，降低重心。

图 3-4-1 下板

（2）将重量置于手掌上，撑在岸边，并把桨放在岸上。

（3）一只脚先上岸，与此前撑在岸边的手一起形成三点支撑，稳定之后再把另一只脚放上岸，起身的时候顺带拿起桨。

（4）用桨调整板的方向，从板尾位置双手把桨板搬到岸上。

（5）将板底反过来，板面朝下，摘掉尾鳍。

（二）教学要点

（1）注意提早停止划水，划行到浅水区后小心地下板。

（2）抬板上岸时小心不要被尾鳍割伤，也要防止尾鳍与地面摩擦，避免损坏尾鳍。

（3）上岸之后要提醒营员把尾鳍拆卸之后再把板搬运到合适的放置点。

四、风险管理

（1）在岸上检查好装备之后再下水。

（2）让营员小心尾鳍，防止被割伤。

（3）对于没有接触过桨板的营员，要随时关注他们的动态。

五、课后小测试

（1）让营员回顾两种不同的上板方式，挑选出一种最适合自己的方式，分成三组进行上板演示，在一组演示的过程中可以让其他两组观察，指出错误并进行修正。

（2）选取不同的岸边环境（沙滩、桥边或台阶边），让营员思考如何上下板。

第五节 划水姿势

划水姿势多种多样，有趴姿、坐姿、跪姿和站姿等。本书将重点介绍两种常用姿势：跪姿和站姿，营地指导员可以根据水域环境和营员技能掌握情况让其选择适合的划行姿势。跪姿转站姿有两种方法，其中三脚架法的稳定性较高。

一、跪姿划水（图 3-5-1）

跪姿划水（正面）

（一）技术要点

（1）将桨垂直 90 度横放在板子上，桨柄尾端的 T 字形把手靠近手的位置，桨面朝下。

跪姿划水（侧面）

（2）双手放在板面上低于肩膀，桨放在双手下面。

（3）撑板，然后将膝盖靠近自己接着做跪姿。

（4）往前或往后移动时还是保持跪姿，使桨板在水面上保持平稳。

（5）一只手拿桨柄的下部，一只手拿桨柄的中上部，桨叶背面朝后入水。

（6）双手用力向后划动桨，当桨垂直于水面时，桨叶需完全入水。

（7）保持重心不变，主要用髋发力。

① ② ③ ④

图 3-5-1 跪姿划水

（二）教学要点

（1）一次移动一只膝盖会更容易些。

（2）确定膝盖所跪位置均匀在板子中线两旁。

（3）每一边划 3 到 5 次之后注意要换边，上下手位置也要相应调换。

二、站姿划水

跪姿转站姿方法一

（一）技术要点

（1）一般方法是把桨横放在前方桨板上，桨叶在板的一侧，而把手在另一侧。双手保持在桨柄上，并保持平衡，慢慢地将一只脚向上拖动到身体下方。接下来，将另一只脚向前伸，同时慢慢站起来。（图 3-5-2）

①

②

③

④

图 3-5-2 跪姿转站姿方法一

（2）跪姿转站姿方法二又称三脚架法（图 3-5-3）。把桨叶放在前方桨板的中央，握柄指向天空。在板子的中间位置保持平衡，握住上、下握柄，并开始慢慢将一只脚向前伸到身体下方。然后手沿着桨向上移，同时把另一只脚向前抬。

跪姿转站姿方法二

（3）双脚分开与肩同宽，双膝稍微弯曲，腰杆挺直稍微屈身向前，骨盆往前。

（4）开始呈划水站姿，站在桨板中间的位置，保持平衡，双手打开与肩同宽。

（5）一手拿桨一端的 T 字形把手，另一只手拿桨柄的中间。

（6）将桨叶置于水中并开始像划船一样划水加速以增加稳定性（图 3-5-3）。

①

②

③

图 3-5-3 跪姿转站姿方法二（三脚架法）

（二）教学要点

（1）膝盖放低些，以降低重心更好保持平衡。

（2）从蹲姿撑板站起来时，双脚施力要保持均衡。

（3）站起来时一次站起一只脚，双脚打开与肩同宽。

（4）站起之后呈划水姿势，目视前方。

（5）用方法一站起来之前，可以把双手撑在桨板上保持平衡。

三、风险管理

（1）在桨板稳定的情况下再进行不同姿势的转换。

（2）选取浅水区进行练习。

（3）在一种姿势练习熟练之后再进行下一姿势的练习。

（4）拿好桨，防止桨因受力不均掉入水中。

四、课后小测试

（1）让营员回顾两种不同的划水姿势，对比两者的优缺点。

（2）以游戏的形式进行步骤回顾。让营员围成一个大圈，指导员站在中间闭眼，营员在外围转圈，指导员喊停，然后用手指随机指人，被指到的营员需要说出一个动作的一个步骤，再次进行，下一个被选中的营员说下一个步骤。

第六节　桨法技术

一、前划桨

前划桨（左右）

用前划桨技术在桨板的两侧交替划水，能使桨板保持直线前行；在一侧持续划动可使桨板转弯。

（一）技术要点（图 3-6-1 ~ 图 3-6-3）

（1）保持正确的划水站姿，双膝微屈。

（2）一手握住桨柄中间，一手握住 T 字形把手，腰背挺直，髋关节微屈。

（3）桨的正面朝向板头，在板的中前部入水，靠近板的边缘。

（4）双手用力向后划动桨柄，一直到出水。

（二）教学要点

前划桨（侧面）

（1）换边划桨时，记得换一下手的上下位置。

图 3-6-1　前划桨（右）

图 3-6-2　前划桨（左）

图 3-6-3　前划桨（侧）

（2）在板的一侧划四到五次再换到板的另一侧划四到五次，可以使板走直线。

（3）刚开始划桨时，用小的动力来划桨，会让你每次的划动更有效果，划得更远。

（4）刚开始每次的划程可以比较短，可以划得比较靠近桨板，无需一开始就用很大的气力。

二、倒划桨

倒划桨主要用于减速，停止和转弯，技术动作基本与前划桨相反。

（一）技术要点

（1）旋转躯干和臀部朝向划水的一侧。

（2）把桨放在身后靠近桨板的水中，桨叶的背面朝下。

（3）推动桨叶向前，使桨柄与手臂保持垂直，同时展开躯干和臀部。

（4）一旦桨叶不再垂直于水中（通常是在它经过脚之后），把手向板的中心线放下。

（二）教学要点

（1）一般划桨次数每边 3~4 次，但刮风或下雨时，因为要把漂流状况考虑进去，所以每边次数就不一定了。

（2）在岸上逐步示范，然后在水深及膝处上板练习。

（3）划水时保持桨柄垂直，划到桨经过身边然后放松。

（4）将桨叶放到水里以提供抗衡的阻力来增加稳定。

（5）左右各划几次之后，要注意回头看下是否偏离航线。

三、扫桨

扫桨

扫桨对控制桨板的转向非常有效。

（一）技术要点（图 3-6-4）

（1）膝盖稍微弯曲，旋转躯干和臀部，以便将桨叶放置在靠近桨板的前部。

（2）将桨叶背面朝下指向板头。

（3）以桨柄中间为轴向外向后扫桨，使桨叶远离桨板，形成宽阔的弧形。

① ② ③

图 3-6-4 扫桨

（4）桨垂直于桨板之后，继续旋转身体，以使桨叶更靠近桨板尾部排出水。

反向扫桨和正向扫桨动作类似，只是从桨板尾部扫向前部。

（二）教学要点

（1）注意桨面不要入水太早，否则不够接近板头。

（2）扫桨之后桨板会发生一定偏转，偏转大小跟向外扫桨的弧度有关。

（3）注意周围水域环境，要时刻盯着桨叶。

四、横向移动

拉桨向侧边移动，主要用于靠岸或改变航向。

（一）技术要点

（1）呈基本划行站姿，桨叶放入水中与桨板垂直，桨叶背面朝向板尾。

（2）向外推桨到最大限度，转动手腕使桨叶与板平行，桨叶背面朝内。

（3）双手用力拉桨，使板靠近桨。

（4）当板接近桨时，转动手腕使桨恢复到与板垂直的状态。

（5）连续几个来回之后，板就会向桨的那一侧移动。

（二）教学要点

（1）在把板向桨拉近的过程中，注意不要太快太用力，否则会让板的一侧吃水过多，造成重心不稳。

（2）注意向一侧横移时，桨要一直在这一侧运动，不要拿到另一侧去。

（3）注意把桨放在中间靠后的位置划动，因为尾鳍的作用会使板尾比板头移动得慢。

五、风险管理

（1）注意不同桨法叶面的朝向。

（2）两侧均匀用力，不要用力过猛，以免一侧板边吃水过多。

（3）注意水域周围环境，在安全范围内练习。

六、课后小测试

让营员进行前后划桨和扫桨的练习，思考两者间的关系。营员会发现一些有趣的现象，一直划一侧，板会向另一个方向转向，划桨时向外打开的弧度大到一定程度时会变成扫桨。

第七节 转向技术

原地转向适用于平静水域且桨板是静止状态下转向。后踩转向适用于移动时的快速转向，但重心控制不当容易落水，对划桨者的技术要求较高，营地指导员可根据营员水平决定是否教授。

一、原地转向

（一）技术要点

（1）将桨置于板头，桨叶背面朝下。

（2）向后扫桨，身体回转，眼睛盯着桨叶。

（3）桨板会向你划的相反方向旋转。

（4）将桨移到另一侧的板尾部位然后用力向外往前划。

（5）连续重复几次动作完成转向。

（二）教学要点

（1）注意动作的连续性和控制板的稳定性。

（2）一侧划完换到另一侧划时，要注意下桨方向和双手上下位置的调换。

（3）在桨板上保持重量平衡，让板子继续前行而不致板边吃水。

（4）确保身体以腰腹部为轴心转向。

（5）眼睛盯着桨叶的动向。

二、后踩转向

（一）技术要点（图 3-7-1）

（1）后退一只脚并屈膝，保持单边划水的动作。

（2）重心放在后脚，以你想要移动的相反方向往板外划桨。

（3）转向完成后把重心放回前脚。

（二）教学要点

（1）防止板尾部分吃水导致板子提前转向。

（2）转向时，提醒营员拐弯的时候，站得稍微靠后点，重心放在后脚，或者越过肩膀注视想要转弯的方向，会帮助转得更快更好。

（3）朝着习惯的方向转，惯用右脚就往右边转，惯用左脚就往左边转。

（4）采取比较短但有力的 J 字形划水。

图 3-7-1　后踩转向

后踩转向（正面）

后踩转向（侧面）

三、风险管理

（1）注意动作的熟练程度和连续性。

（2）后踩转向重心后移的同时注意保持板的稳定。

（3）注意将桨叶放在正确位置。

四、课后小测试

让营员思考在后踩转向时，如何在重心后移和恢复重心时保持板的平衡，思考不同转向方向时，应如何确定脚的正确位置，并通过多次练习找到最适合自己的方式。

第八节　安全落水和重新上板

一、正确的落水技术

尽量预测并避免可能导致摔倒的情况。例如，如果一艘尾迹较大的摩托艇从远处驶来，你可能想降低重心，此时就可能失去平衡，从而导致落水受伤，但拥有正确的落水技术可以降低受伤的可能性。

（一）技术要点（图 3-8-1）

（1）掉落时要及时离开板子，从桨板侧面落水。

（2）摔倒后从板子上掉下来时要有保护自己的动作。

（3）在浅水区摔倒时用不持桨的那一只手保护头部。

安全落水和重新上板

①

②

③

④

图 3-8-1　安全落水

（4）握住桨的柄，并且与身体保持距离。

（二）教学要点

（1）向营员强调坠落时一定要落在水中，板子比较硬，落在板上可能会受伤。

（2）注意从桨板侧面坠落，不要把板推出去，否则可能伤害到附近的其他人。

（3）向营员强调下水前一定要系好脚绳，这能帮助营员在落水后尽快回到板子上。

（4）在落水的同时如果没有抓住桨，可以先回到板边，上到桨板后，再用手划水去找桨。

二、重新上板

营员在技术练习的过程中难免会落水，为避免长时间在水中消耗体力和保证人员安全，需要在落水后能尽快重新回到桨板上。

（一）技术要点（图 3-8-2）

（1）要回到桨板上时，从桨板中心靠近桨板。

（2）伸出双手身体用力趴到桨板上，一只手抓住板边，另一只手抓住板中间的提手。

（3）双腿用力打水，直至双腿浮出水面。

（4）双手用力拉，一条腿快速抬到板上，再把另一条腿滑到板上，呈卧姿。

（5）桨板稳定之后，再慢慢转为跪姿，最后转为站姿。

安全落水和重新上板

图 3-8-2　重新上板

（二）教学要点

（1）选择合适的水域进行练习，避开航道区。

（2）营员和营员之间的桨板保持合适的距离。

（3）可以把桨放在桨板旁边（除非有很强的水流），等重新上板后再取回，因为桨会浮在水面上。

（4）也可以从尾部重新上去，但要非常小心，不要被尾鳍划伤，也不要让板打伤别人。

三、风险管理

（1）要有自我保护意识，坠落时一定要落在水里。

（2）注意尾鳍，不要被割伤。

（3）选择深水区进行教学练习。

（4）注意周边水域，从板侧落水，小心不要让板打到周围其他人。

四、课后小测试

指导员对营员进行分组，两人一组，一人摇动另一人桨板，模拟晃动水域环境，让营员自觉主动落水，再模拟掉桨，营员选择上板方式并去找桨。结束之后，让两位营员互换角色，根据不同的情况，选择最为适合方便的上板方式。

第九节　营地桨板运动综合实践

一、活动组织

（一）技术要点

（1）强调将所学技能灵活运用到比赛中。

（2）提醒营员安全第一，比赛第二，要在安全水域内划行。

（3）发挥团队协作精神，共同完成比赛。

（二）教学要点

（1）比赛（图 3-9-1）除了起终点外，设有 6 个检查点。营员在起点处穿戴脚绳和搬运桨板，在检查点 1 处上板，在检查点 1 到检查点 2 要求跪姿划行，在检查点 2 处跪姿转站姿划行，在检查点 3 要求展示转向技术（原地转向或后踩转向），在检查点 4 玩一个皮球小游戏（从一个指导员处拿一筐小皮球，5~8 个皆可，要求必须全部投到另一个指导员的筐中，间

图 3-9-1　桨板比赛

隔三米），在检查点5要求展示安全落水与重新上板技术，在检查点6处下板，终点是回到放置点，把装备有序归还。

（2）在每个点根据情况设置指导员人数。

（3）每关通关成功后给营员的打卡纸进行打卡。

（4）比赛过程中，注意保证营员安全。

二、风险管理

（1）选择合适的比赛场地，避开航道区。

（2）物资准备齐全，指导员分工到位，保证比赛有序顺利进行。

（3）提醒营员做好防晒措施，以免晒伤。

（4）赛前检查营员装备的穿戴和精神状态。

三、课后小测试

（1）比赛结束之后进行成绩统计，用时最少的组胜出，分发小奖品以示鼓励。

（2）分组讨论，引导营员分享比赛中有趣故事或对比赛的感想。

（3）进行比赛总结，宣布比赛结束后，由指导员将营员带回休息处。

4 第四章 溯溪运动

学习目标

1. 了解溯溪运动的起源、发展以及难度分级。
2. 掌握溯溪运动个人基础装备以及进阶技术装备的使用。
3. 掌握溯溪行进技巧及进阶技术操作并运用于实地溯溪体验。
4. 掌握溯溪运动中常见风险识别与应对的方法。
5. 树立溯溪运动中环保意识并付诸实践。
6. 树立溯溪运动的协作意识，承担团队合作责任。

章前导言

溯溪运动是最佳的户外探险项目之一，集登山、露营、攀岩、野外生存等技能综合于一体，是对个人能力、团队协作以及勇气的综合挑战。在这项运动中，通过适当的引导，青少年可达成激发探索未知的勇气，提升克服困难、解决问题的能力，提高个人素质，培养团队协作能力，增强自信成就感，塑造领袖气质等目标。即使有营员因年龄段较低无法尝试较复杂的技术部分，但仍能通过营地指导员对活动内容的灵活调整而达到愉悦身心、亲近自然的目的。

第一节　溯溪运动概述

一、什么是溯溪

所谓溯溪，是沿峡谷溪流自下而上，克服各类地形障碍，溯水之源而登山之巅的一项户外探险运动。溯溪结合了登山、攀岩、定向越野、游泳、绳索操作、野外求生等各类综合技术，需要同伴之间的密切配合与艰苦攀登，还因地形复杂、装备多元而富于变化，各种挑战和考验让爱好者可以在一次完整的溯溪运动中收获信任和满足，获得自信与成就感（图4-1-1）。

图 4-1-1　溯溪运动

二、溯溪运动的起源与发展

溯溪运动原属于登山方式的一种，起源于欧洲的阿尔卑斯地区，后逐渐演变为相对独立的运动项目。早在20世纪六七十年代的日本，溯溪运动便大行其道，诸多爱好者脚踏草鞋前往溪谷，当时的众多溯溪团体组织也因此被命名为“草鞋会”。20世纪70年代，我国台湾地区也开始出现溯溪活动，后曾经历一段冷落的时期，但近些年又呈方兴未艾之势。目前，溯溪活动并没有像攀岩一样独立成为一项专业竞技运动。

三、溯溪运动的特点及对青少年的作用与意义

沿着溪谷上溯至溪流源头无水处，再上切至山脊或山头，再循传统山路下山，这是真正的溯溪，通常需费时数日。溯溪过程中，溯行者往往会碰到如激流深潭、峭壁瀑布等艰难险阻，此时就需要借助一些装备，使用一些专业技术去克服这些困难，溯溪也因此充满了挑战性。初学者最好是能够跟随专业的溯溪团体，在经验丰富的教练指导之下学习并积累经验。只有在成为溯溪高手后，方能安全且畅快地享受神秘的溪谷世界。尽管专业溯溪具有相当的挑战性，但溯溪过程中还存在着许多休闲娱乐元素，如攀瀑、跳水、垂降、滑水道、冲瀑、泳渡等。溯溪体验行程就是把这些元素挑出来，浓缩在一日行程之中，让一般大众也能够体验溯溪的趣味。部分户外运动俱乐部所开设的体验行程地点，通常会是交通易达之处，队伍易入易出（有山路可走），溯溪路程大多只有数百米，难度也不会太高，一般无经验大众都可参与。

根据青少年不同年龄的认知特征，营地适时开展相应难度、目标的溯溪课程，除了传授技能、锻炼身体、放松身心外，还能够很好地结合环境环保教育、团队协作教育等，帮助青少年营员们在感受大自然的同时，身心得到全方位的发展。

四、装备

溯溪的装备并没有严格的固定要求，因为不同的溪谷可能会有不同的地理情况，就会需要用到不同的装备与技术，如有些地形仅需要手扶路绳就可以帮助队员攀上岩壁，而有些地方则必须使用安全带、保护器等装备。一般来说，溯溪作为登山的一种方式，在进行一些技术性操作时，会需要用到很多登山装备。除此之外，还有一些溯溪专用物品，如溯溪鞋、护腿、防水袋、救生衣等。营地开展溯溪活动所需要的部分装备如表4-1-1所示。

表 4-1-1　溯溪运动常用装备

<table>
<tr><th>序号</th><th>名称</th><th>规格要求</th><th>备注</th></tr>
<tr><td colspan="4">基础个人装备</td></tr>
<tr><td>1</td><td>头盔</td><td>经过 UIAA 或 CE 等安全认证</td><td>避免头部受落石等伤害</td></tr>
<tr><td>2</td><td>救生衣</td><td></td><td>涉及过腰深水域必备</td></tr>
<tr><td>3</td><td>溯溪鞋</td><td>防滑鞋底、排水面料</td><td>排水排泥</td></tr>
<tr><td>4</td><td>护腿</td><td></td><td>防止擦伤、蚂蟥叮咬等</td></tr>
<tr><td>5</td><td>排汗衣裤</td><td></td><td>迅速排湿，保持体温</td></tr>
<tr><td>6</td><td>防水袋</td><td></td><td>储存备用衣物、食品、电子设备等</td></tr>
<tr><td>7</td><td>登山杖</td><td></td><td>缓解腿部压力，帮助身体平衡</td></tr>
<tr><td colspan="4">进阶技术装备</td></tr>
<tr><td>1</td><td>安全带</td><td rowspan="6">经过 UIAA 或 CE 等安全认证</td><td rowspan="5">开展溪降活动或借助器械进行陡坡攀升</td></tr>
<tr><td>2</td><td>主绳</td></tr>
<tr><td>3</td><td>主锁</td></tr>
<tr><td>4</td><td>上升器</td></tr>
<tr><td>5</td><td>下降器</td></tr>
<tr><td>6</td><td>辅绳</td><td>制作牛尾或抓结，替代上升器攀升或作为下降时的副保</td></tr>
</table>

五、装备的维护与保养

无论是个人基础装备，还是进阶技术装备，在溯溪活动中都难免会被水打湿或者沾上泥沙，因此装备使用后的及时维护与保养是增加其使用寿命、节约营地经营成本的重要步骤。尤其对于一些高风险操作中所需要使用到的技术装备，及时检查与养护也能很大程度地降低因装备突然损坏所带来的风险。

对于救生衣、溯溪鞋、护腿、防水袋等织物类个人装备，在溯溪活动后应及时晾干，并存放于干燥通风处。头盔若在溯溪活动中发生磕碰，则应检查是否有裂痕，以及扣件是否完好，若有损坏应及时更换。登山杖在使用后除了擦干水渍外，还应及时清理杖杆、杖尖上的泥沙，尤其是可调节的登山杖，泥沙嵌入其连接处可能会导致调节装置直接卡死。

主绳是一件非常重要的安全装备，溯溪活动后，应解开所有的绳结，于干燥通风处晾干（避免曝晒）后散开存放，避免潮湿和接触热源。如果主绳在某次活动中沾上了过多的泥沙需要清洗，则应回到基地后使用清水清洗，如果要添加洗涤液，必须使用专业的洗绳液，然后风干。除此之外，每次使用前，应对主绳进行检查，可用手捋一遍，保证粗细均匀、无鼓包、柔软度适中、无明显变硬或变软的地方，表皮没有破损。使用中，还应注意在泥沙过多或岩石较锋利时尽可能使用帆布等进行隔离，避免岩石割破绳皮或泥沙嵌入磨损绳芯。

主锁、上升器、下降器等金属装备，需要非常注意避免因操作不慎而造成的碰撞，如从一米以上的高度坠落至岩石等硬物上。若发生这种情况，应做好标记，及时更换，避免下次使用时发生意外。丝扣主锁也非常容易嵌入泥沙造成卡死，使用中首先不能拧得过紧，一般丝扣锁会要求拧紧后往回拧半圈，使用后也应及时清理残留的泥沙。

六、溯溪的分级

（一）完全溯溪和段落溯溪

根据溯溪路线，可分为完全溯溪和段落溯溪。

（1）完全溯溪：即沿溪谷下游直溯顶峰，难度和技术挑战都是最大的，但相应带给溯溪者的成就感也是最大的，完成溯行后，还可以欣赏到顶峰的绝色美景。

（2）段落溯溪：选择溪流的一部分进行溯行，可上可下，是完全溯溪的普及版。溯溪者能够享受垂钓、戏水等乐趣，也可欣赏瀑布峭壁等溪谷美景。

（二）地域研究溯溪和休闲体验溯溪

根据溯溪目的，可分为以地域研究为主的溯溪和以休闲体验为主的溯溪。

（1）地域研究溯溪：如对某山区的所有的溪谷、棱脉、岩壁等自然景观或动植物等生态资源进行实地调研。在这类调研活动中，很多溪谷都是从未有过人的足迹，无任何可靠的参考资料，一般需要很多人选取较长的时间，进行周密的计划，逐一完成的勘探。

（2）休闲体验溯溪：这是国内目前最盛行的一种方式，爱好者们因志趣相投而组成队伍，在保证安全的前提下伴行溪畔，尽情体验溪谷的乐趣。

（三）初级、中级和高级

根据高度和难度，溯溪可分为初级、中级和高级三个级别。

（1）初级：行程 500 米以下，海拔高度差 200 米以下，往返在 1 天或 1 天半内可完成，无较大地势起伏，无过大强度及危险性，适合新手兴趣的培养和信心的构建。

（2）中级：行程 500~2 000 米，海拔高度差 200~500 米，需 2~3 天

行程，途经较复杂地形如峡谷、深潭、瀑布等，具有一定难度，且需要露营。强度及危险性相对较高，对溯溪者的技能和经验有一定要求，能够带来更深的体验感，令溯溪者进一步了解溯溪的意义。

（3）高级：行程2千米以上，海拔高度差500米以上，需4~5天行程，途经高大瀑布、深潭、峡谷地形，难度高且须紧急露营。适合技术熟练、体能良好的专业探险人士。挑战性极强，但相应也能够带来更大的刺激感和收获感。

七、教学与活动选址

目前我国对于青少年户外体育活动营地活动中开展溯溪项目选址并没有较权威的专门文件要求。《中国登山协会全国溯溪比赛竞赛规则》中对溯溪竞赛区域的要求提到了“竞赛区域应选择在有一定流量的溪水的山涧，并且有多种天然的障碍”“竞赛区域内，能具备便于裁判工作、便于及时救援和接应的条件”“竞赛项目的设计难度应与参赛运动员的技能水平相适应”。《全国青少年户外体育活动营地建设规范》中对营地选址提出了“应避开地质不稳定、易发生地质灾害和自然灾害的危险区域”“应避开生态环境脆弱、资源易遭到破坏和野生动物经常活动的区域”等要求。

因此，青少年户外体育活动营地开展溯溪运动，尤其是开展溯溪综合实践活动的最适宜场地要素，包括以下几点：有一定流量的溪谷，也需有一些自然障碍；与不同年龄段青少年能力相匹配，便于应急处理；不易发生地质与自然灾害，生态环境不易因活动开展而遭到破坏。

上述条件主要指对于开展溯溪综合实践行程的要求，而对于前期的理论、技术教学和行前准备等工作，则可在多种场地开展。如理论课可在有多媒体设备的室内进行，技术教学可借助营地的人工岩壁、树木、游泳池等进行室外教学。有条件的情况下，也可以在营地周边的溪水和公园进行行前模拟练习。

除此之外，溯溪综合实践活动的选址还须尽可能满足进出交通便利、有就近医疗保障等条件。对于溪谷的难度，根据营员年龄组成，建议以段落式、休闲体验式，一天可以往返的中低级线路为主要备选。

八、风险管理

溯溪活动中囊括了登山、攀岩、定向越野、野外生存等各类综合技能，在操作中相对其他活动而言也就有着较高的风险性。因此，溪流的选择、队伍的组成、溯溪季节的考虑、资料的搜集、路线的决定、交通问题的解决、装备的整理、食品的计划与采购、药品的准备、营地指导员的职责分工等，都需要周密策划。

开展溯溪活动，应注意以下事项：

（一）溯溪活动前

（1）应对参与活动的营地指导员进行技术培训，根据活动路线的难易程度，准备相应的器材和装备。

（2）拟定活动计划时，必须有应急方案，如紧急撤退路线等的安排，将所有资料备份，交给留守的后勤、联络人员，保证联络设备的畅通。必须了解当地的天气情况，及早考虑溪水上涨对行进路线和露营地选择的影响，以及是否存在暴发山洪或泥石流的可能性，准备好活动预案。

（3）组织者有义务提醒营员穿防滑鞋或专业溯溪鞋，至少准备两套衣服，应提醒营员携带防虫药，防止毒虫、毒蛇对营员的伤害。尤其在面对青少年营员时，组织者更有责任备齐各类应急药品。

（二）溯溪活动中

（1）行进时，应选择最佳的、安全有效的地形和路线，避免无谓的体力消耗，保证活动安全进行。

（2）涉水时，应提醒队员将手机、照相机等贵重物品置于防水背包或防水袋中，以防损坏。

（3）若发生险情，切忌慌乱，要视事件的轻重缓急，以把伤害降低至最小程度为首要目标，决定是继续前进还是迅速撤离。

（4）人员在溪谷中的移动速度较慢，救援队搜救效率也不高，因此，行动中首先要避免意外伤害的发生。若伤害已经发生，应尽快展开应急处理与合理的转移，而非静待后援。

（5）溪谷中理想的宿营地不多，当溯溪路线过长、难度较大时，在活动计划中应提前安排安全的宿营点和备用宿营点，活动中再根据实际行进速度提前确定露营位置并保证在天黑前到达，避免摸黑赶路，因为溪谷中地形复杂，事故极易发生。

（三）溯溪活动后

（1）若天气较凉，条件允许，应在活动结束后准备姜茶、毛巾等，预防着凉感冒，尤其是在面对青少年营员的情况下。

（2）活动中发生人员受伤时，应及时送医并安排专人跟随。

（3）对活动行程中发现或隐藏的风险点进行总结，为下次出行准备更详尽的安全资料。

因溯溪技术和环境的复杂性，要求青少年营员完全掌握溯溪中各类风险知识可能超出了其认知能力。因此，对营员安全意识的教育虽很重要，但也仅能集中于动植物危害、危险地段的避免等方面，这就特别需要营地指导员在一次实地溯溪活动中做好宏观环境和技术操作上的风险把控。也正是由于溯溪的风险性，本章除各教学环节要求营地指导员进行风险管理外，结合青少年个体认知能力把常见风险识别与应对专门作为一个教学单元进行论述，详见本章第七节。

九、课程计划

营员通过溯溪课程学习，将了解溯溪的概念及相关装备，学习通过不同地形的基础技术、行进过程中的基本风险判别、环保与协作理念以及基础行前计划等，进行一次与所处年龄段相适宜的溯溪综合实践行程。本章内容共分为 7 个单元进行教学。前 4 个单元将溯溪技术类操作分为入门和进阶两个模块，作为重点部分进行教学，分别对应不同年龄、认知水平和不同技术基础的青少年营员。其中第 1、第 2 单元分别介绍基础装备和进阶技术装备，第 3、第 4 单元分别对应介绍基础的溯溪行进技术和进阶技术。第 5 单元为综合实践课程，综合前述所有部分知识进行实地的溯溪行程，在实践过程中真正体验、认识溯溪活动并对所学知识进行巩固和拓展。第 6、第 7 单元为概念意识类课程，旨在向青少年营员传递溯溪活动中的风险应对和环保、协作意识，这两个单元在实际教学中一般建议放在实践课程前甚至更早开展。

本教材为营地开展溯溪运动制定了一份推荐课程表，按常见的六天时间安排了各单元的教学内容（表 4–1–2），供营地管理者和营地指导员参考。

表 4–1–2　营地溯溪运动课程表

时间		第一天	第二天	第三天	第四天	第五天	第六天
主题		开营初相识	认识溯溪	进阶技术*	行前计划与准备	溪谷探秘	顺利返程
早餐	8 : 00—8 : 30	抵达营区	早餐	早餐	早餐	早餐	早餐
上午	9 : 00—11 : 30	开营仪式（团建 / 分组 / 营规 / 目标 / 熟悉营区）	陆上无技术装备行进及障碍通过（模拟障碍或公园地形行进）	进阶技术装备认识及使用（安全带 / 上升器 / 抓结）	《行前计划书》（目标 / 小组分工 / 携带物资 / 应急方案 / 路餐）	溯溪实地体验（准备活动 / 分组行进 / 涉水活动 / 环保及协作实践）	结营仪式（回顾 / 授勋 / 分享 / 合影）

续表

时间		第一天	第二天	第三天	第四天	第五天	第六天
主题		开营初相识	认识溯溪	进阶技术*	行前计划与准备	溪谷探秘	顺利返程
午餐	12:00—14:00	午餐+午休	午餐+午休	午餐+午休	午餐+午休	溯溪实地体验（准备活动/分组行进/涉水活动/环保及协作实践）	顺利返程
下午	14:30—17:00	溯溪简介及基础个人装备介绍（溯溪介绍/装备展示/装备试穿）	泳池涉水行进技巧模拟及水上游戏	上升、下降等进阶技术操作（装备连接/上升器坡面行走/岩降体验等）	物资准备与检查		
晚餐	17:30—18:30	晚餐	晚餐	晚餐	晚餐	晚餐	
晚上	19:00—20:00	宿舍文化建设	户外安全教育（常见风险识别与应对）	夜间室内工作坊（手工课/游戏课等放松活动）	环保与协作教育（LNT法则/户外互助方式等）	篝火晚会（才艺展示/旅程分享）	

*注：第三天进阶技术内容建议面向9岁以上营员群体，若营员普遍小于9岁，则营期减少一天，后两日活动难度亦应相应降低。

营期单元学习可安排如下：

第一单元：溯溪运动基础装备与器材

本单元将对营员进行基本的溯溪概念介绍，讲授溯溪中需要用到的个人基础装备如溯溪鞋、护腿、头盔、防水包以及服装等，满足入门要求。

第二单元：溯溪运动进阶装备与器材

溯溪体验中难度较高的路段常用到上升器攀升技术或下降技术以增强体验感。本单元面向认知水平较高的青少年营员团体（建议9岁以上），专门介绍基本绳结以及上升器、下降器、主锁、安全带等技术装备。

第三单元：无技术装备行进及障碍通过

除了基本的登山技能，溯溪者还要掌握其他一些越过障碍的能力，包括岩石堆穿越、横移、涉水、泳渡、爬行、高绕等。本单元中根据营员的年龄及能力情况选择难度较低的线路，不涉及技术装备操作，它们在学习第一单元的基础后即可开展，有条件的情况下鼓励进行模拟或小段落实地演练。

第四单元：上升、下降等进阶技术

本单元是上一单元的进一步延伸，认知水平较高的青少年营员团体在第二单元所介绍的技术装备的学习基础上，进行上升、下降等操作，确保实地行进中在营地指导员主导下营员能够安全地使用技术装备通过障碍或开展体验活动。

第五单元：营地溯溪运动综合实践

本单元为综合实践性的环节，线路预先由营地指导员团队依据营员年龄组成及自然条件决定，并做好相应风险防范措施。在本单元中，将依据实际情况应用各类技术，有条件的情况下还可穿插溪降活动以增强营员体验感，同时注重对于环保和协作意识的发散性引导。

第六单元：溯溪运动常见风险识别与应对

在营地指导员做好宏观风险掌控的基础上，营员亦需要具备基本风险判别能力。本单元分别从自然和人两个方面，在青少年营员认知能力的基础上，教授常见风险的识别及应对方法，同时鼓励营地指导员进行更进一步的拓展。

第七单元：环保与协作

溯溪活动深入自然并与水相伴，而水资源又极易受到污染，因此，本单元专门向营员传授溯溪活动中所需注意的环保意识。溯溪与其他登山活动类似，是一项集体的活动，需要营员懂得互相协作，本单元的协作意识主要包括基本的集体行进准则与团队分工。以上两方面的意识需要在实践中进一步被强调。

第二节　溯溪运动基础装备与器材

对于部分营员来说，在学习前可能并未对溯溪有一个较为清晰的认知，因此在进行系统的学习与实践之前首先需要对溯溪的基础装备进行介绍。

一、非技术性个人装备

溯溪装备可分为个人装备和团体装备，个人装备一般称非技术性个人装备；团体装备又多指技术装备，团体装备将在第三节中作为进阶知识进行学习。个人装备主要起到提供基础安全保障、增加生理舒适程度、方便携带物资等方面的作用，了解各种基础个人装备的作用和使用方式，是安全、舒适地踏入溯溪世界的重要基础。

（一）知识要点

（1）头盔：以攀岩用胶盔为主，轻便且品质较有保障。用以保护头部，在攀登中滑倒、遭遇落石等情况时，避免受硬物直接撞击造成伤害。一般包括盔顶、侧脸的调节带、脑后调节器、下颌的调节带、透气孔、头灯夹等几个部分。正确的头盔佩戴方式应该是盔顶整体水平；调节侧脸和下颌的调节带，使其扣好后贴住面部，前后不晃动；最后将脑后调节器调节至紧贴头部将头盔稳定。（图 4-2-1）

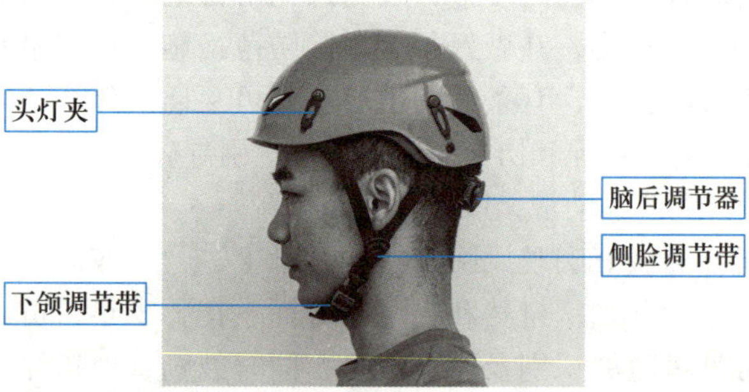

图 4-2-1　安全头盔佩戴方式

（2）救生衣：在我国开展的溯溪活动大多为涉水活动，尤其在面向青少年群体的活动中，有时为了增加体验感还会专门安排游泳、溪降、水滑梯等项目，因此配备救生衣是必须的。除了避免突发事故外，还可以在开展游泳、溪降等体验活动时起到保障作用。最好选用有胯带且大小适宜的救生衣，避免年龄过小的营员在水中从救生衣中滑出，使用时也要注意将腰带、胯带等都调至合身。（图 4-2-2）

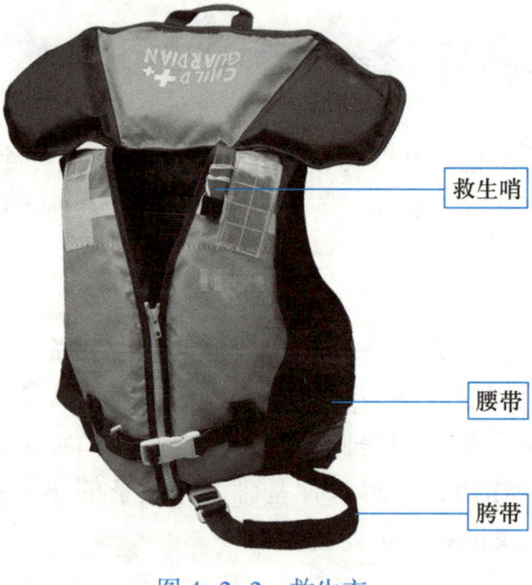

图 4-2-2　救生衣

（3）溯溪鞋：是溯溪必备装备，能为涉水行走提供足够的舒适度。一双良好的综合性溯溪鞋须兼具防滑性、排水排沙性、减震性、速干性，以及坚实的鞋头、较柔软的鞋底和适宜的尺码。在要求不高时，有时可用手工编织的草鞋和带防滑功能的运动凉鞋替代。此外也有鞋身由全包裹潜水布料制成，鞋底为“毛毡底”的高帮溯溪鞋，直接阻隔了泥沙的进入并起到一定护腿作用，在水中或苔藓上的防滑性能很强，但鞋底较为脆弱，陆地行走需更换其他鞋类，青少年营地活动中相对少见。

（4）护腿：由潜水布料制成，能够起到避免杂草割伤、岩石擦碰，防止蚂蟥叮咬等作用。一般常见短筒护腿长至膝关节以下，也有长筒护腿能够同时保护小腿与膝盖。

（5）排汗衣裤：快干的衣物能够帮助溯溪者迅速排出汗液，保持体温，避免着凉感冒；反之，牛仔裤等一旦打湿很难干透的衣物会慢慢带走热量，带来风险。另外，加厚速干袜也是一件非常必要的物品，能够防止石子、泥沙等进入鞋里划伤脚。

（6）防水袋：背包下水时，衣物、电子产品等容易被浸湿，在背包内加装防水袋是必须的。

（7）登山杖：除了在上下坡时能够借力以外，平路行走时使用登山杖也能够帮助减轻足部与膝盖的压力、保持平衡。在涉水时，还能起到抵抗水流或维持重心移动的平衡作用。一般推荐使用双杖。腕带使用方式是将腕带拿起后从下方穿入，将带子压在手掌之中，轻轻握住把手，调节并通过腕带起支撑作用（图 4-2-3）。确定登山杖合适长度的方式为手持杖柄站在平地上，手臂自然下垂，以手肘为支点，将小臂上举到与大臂呈 90 度（图 4-2-4），此时登山杖的尖端竖直向下刚好接触地面。若长时间上坡，可根据坡度适当调短登山杖的长度（通常也是使手肘成直角杖尖正好接触地面），长时间下坡路段则可适当调长。

（8）其他个人物件：防水镜、保暖衣物、手套、登山鞋、雨衣等。

溯溪服装应选择轻便、透气性良好、易干燥的尼龙面料为宜，根据天气必要时可着潜水服开展活动。物资准备应以轻便为宜，视日程安排和天气情况可有选择地携带食品、保暖衣物、帐篷、炊具等。因为常行走于水畔甚至涉入水中，物品极易打湿，故应妥善打包，最好使用塑料袋等防水材料包好后装入，有专门的防水袋更佳。此外，还要尽量使背包的体积减小，避免在溪谷行进中妨碍行动。

（二）教学要点

（1）可将非技术性个人装备分为安全保障类、着装类和其他物件几个方面进行介绍，尽可能拿出装备实物作为教具，之后通过提问的方式检查

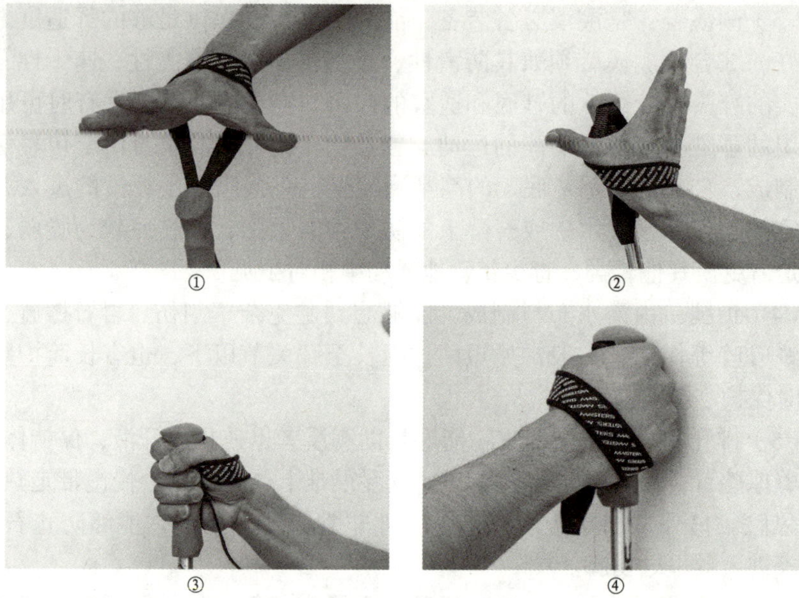

图 4-2-3 登山杖腕带的使用

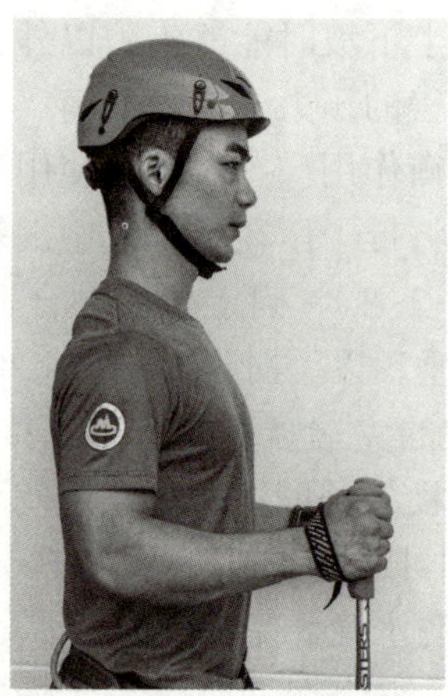

图 4-2-4 适宜长度登山杖握姿

营员是否理解其中较重要装备的选择与使用原则。

（2）着重讲解并示范头盔与救生衣的使用方法，示范过程尽可能选用本课程最后实践将要使用，且符合相关质检标准的装备。

（3）讲解防水袋时，重点提醒防水袋的密封方式；讲解登山杖时要注意重点讲解握持姿势和腕带的使用方法。

（4）邀请几位营员试穿、试用装备，并请其他营员以观察点评的形式巩固知识。

二、课后小测试

在单元教学结束时，可以请营员回答诸如“出行前我们需要准备哪些装备？”“某个装备的作用是什么？”之类的问题来巩固记忆和检验学习效果。

第三节 溯溪运动进阶装备与器材

因涉及攀爬瀑布等风险极大的操作，技术装备是进行进阶溯溪的必要安全保障，除了营地指导员需要掌握铺设路绳、保护站建站拆站、攀登保护等技术手段外，提前让营员了解与自身相关的技术装备及其基本使用方式，能够更大程度规避实地操作中的风险。

一、基本技术装备

基本技术装备主要指安全带、绳索、主锁等在任何器械操作场合几乎都会使用的装备，是在通过危险路段时连接各种保护装置、辅助装置所不可或缺的装备。

（一）知识要点

（1）安全带：溯溪者穿在身上，通过主锁等连接，起到保护作用，是进行溪降活动或坡度较大的攀登所必需的装备，主要有胸式（全身式）安全带和坐式（半身式）安全带（图 4-3-1）两种类型，溯溪活动中一般选用后者以便于攀爬、下降操作。还有专用的溯溪安全带，是在坐式安全带的基础上增加了防磨臀兜设计，以溯溪活动为主要特色项目的营地可以选购。

安全带非常重要，以下使用注意事项必须掌握：

① 选择合适的尺码。穿戴时分清上下、里外、左右，不得颠倒或扭曲。

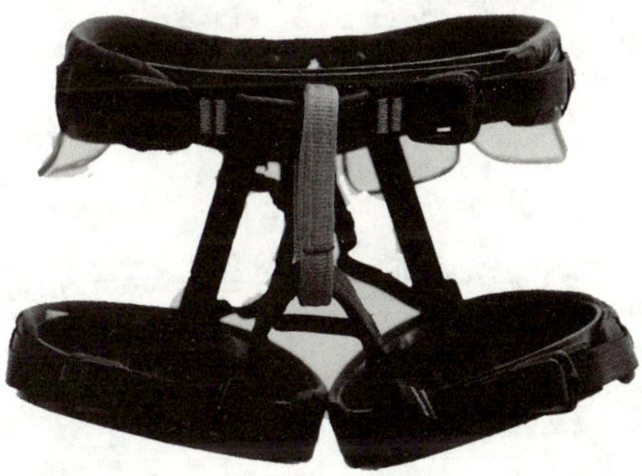

图 4-3-1 坐式安全带

穿好后须调至松紧适度，以手掌沿腰环、腿环插入后握拳不可抽出为宜。

② 安全带穿好后，腰带须系在髂骨上方位置，且在上衣最外层，避免操作时衣服遮挡或卡入下降器。

③ 无自动反扣的安全带必须反扣，反扣长度大于 8 厘米。不得使用装备环作为保护、下降等主要连接，装备环最多承重 5 千克。

④ 进行攀登、下降操作前，营地指导员必须再次检查，确认符合安全规范。攀登或下降过程中不能解开或调节安全带。

（2）主绳：直径 9~11 毫米，防水，承受拉力在 2 000~3 000 千克，用于攀登和保护。主要分为有一定延展性（弹力）的动力绳和延展性较小的静力绳。动力绳一般颜色较为鲜艳，用于攀爬保护，有时候可用于下降；静力绳不可用于攀爬保护。需要注意的是绝不可以踩踏主绳。

（3）主锁：用于连接各种绳索、安全带及攀登器械，使用简便。溯溪一般采用 H 形主锁，用于主绳、下降器、上升器、安全带等之间的连接。主锁一般纵向耐受力更大，连接后务必拧紧丝扣。需要注意的是要避免主锁与硬物磕碰，若其从高处掉落至硬地面，要停止使用并及时报告营地指导员做好标记。

（4）辅绳：一般相比主绳要更加细软，常使用双渔人结制成绳套后，在主绳上打抓结起到下降副保护（建议双耳抓结）或类似上升器（建议单耳或普鲁士抓结）的作用。

双渔人结的打法如图 4-3-2 所示：

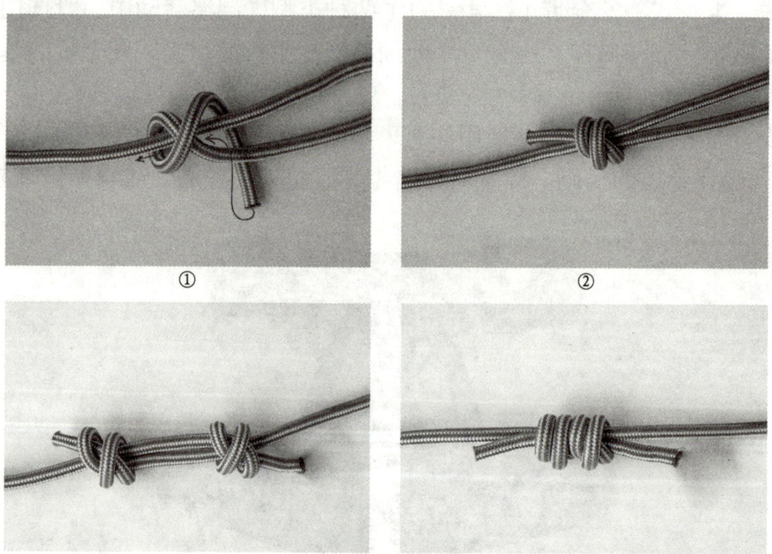

图 4-3-2　双渔人结的打法

① 将绳尾的一端在另一端上回绕两圈，然后从两个圈内穿出去（防脱结）。

② 将另一端重复第一步。

③ 打好结后，两绳尾长度至少为 5 厘米，且方向相对。

（5）抓结：通常用辅绳绳套或者扁带在主绳上打成，常用的有单耳（克式）、双耳（法式）、普鲁士抓结 3 种（图 4-3-3）。综合考量操作难易度、受力松紧度等特点，这里建议选取普鲁士抓结或单耳自动抓结用于临时保护中替代上升器使用（只有松弛状态下可以调节，更为可靠），选取双耳自动抓结用作下降的副保护（受力状态下仍可放松，避免高空锁死）。

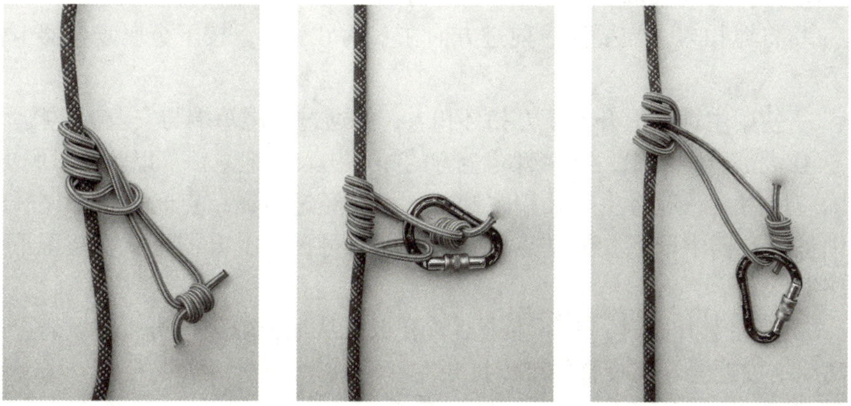

图 4-3-3　常见的单耳（左）、双耳（中）、普鲁士（右）三种抓结

（二）教学要点

（1）在安全带穿戴的教学中，需要进行真人示范，可加入提问、找错误等环节引导营员加深印象。营员能够正确地穿戴安全带，可以有效节省后期实践中的试错时间。

（2）强调建立装备的保护意识，可通过与营员建立约定的形式，如踩踏装备将减少“零食积分”、无法获得“装备保护勋章”等方式，弱化惩罚性质但引起足够重视。

（3）渔人结绳套的制作可根据课堂时间有选择地安排练习，最后实践课程必须使用由营地指导员检查合格甚至直接提供的绳套。

二、攀升技术装备（上升器、普鲁士抓结、单耳抓结）

在一些存在较大滑坠风险的上坡路段，光凭手去抓路绳可能存在一定的安全隐患，这时候就需要借助器械的力量。除了专门的上升器外，普鲁士抓结、单耳抓结也可以作为替代品，可用来进行较为基础的学习和实践操作。

（一）技术要点

（1）上升器：向上攀登时使用，也起保护作用。按照用途大致可分为手柄式上升器、胸式上升器、脚式上升器和简易上升器四种，在这里所学习使用的主要是手柄式上升器。手柄式上升器又分左手和右手两种，区别是开口方向有所不同，其工作原理是通过偏心装置上的金属咬合器（棘轮）卡入绳皮起到制动作用。需要注意的是，上升器通常要求绳子直径范围为8~13毫米，推上升器时不能离固定端（绳结）过近，否则难以取出，同时使用前后要注意上升器部件的检查与清洁。

手柄式上升器（以右手为例）与绳的连接方式如图4-3-4所示：

① 大拇指拨扳机，打开金属咬合器。

② 将绳扣入，需要注意前进方向在手柄另一侧，按下金属咬合器卡住绳子。

③ 使用主锁从上升器下方扣环扣入，并通过牛尾短端与安全带连接。

④ 大部分情境中，须在棘轮上方的扣环扣入一把主锁，以防绳子脱出，实际应用中，一般将牛尾长端主锁扣入，在经过路绳结点时先将牛尾长端主锁从上升器中取下扣入结点下一段，此时可拆下上升器重新安装至下一段路绳。

⑤ 拆除上升器时，取下主锁后拨开扳机从绳上取下即可，注意若上升器离绳结过近会导致咬合器难以打开。

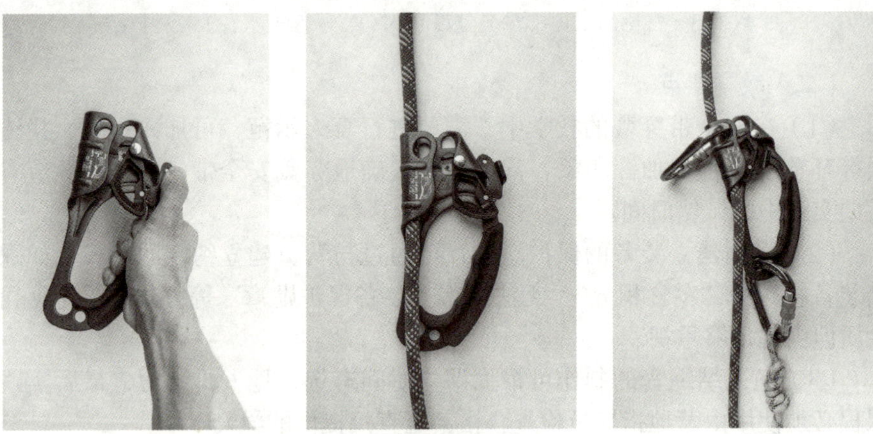

① ② ③

图4-3-4 上升器的连接方式

（2）普鲁士抓结和单耳（克式）抓结只有在松弛状态下才能调节，因此更加牢固可靠，但操作相对不方便。受力时要把抓结上的小圈推松，即可让绳圈依次松弛下来，在沿绳上升时要经常重复这样的操作。二者的打法分别如下：

① 普鲁士抓结：如图 4-3-5 所示，将绳套一端从中间穿过 3 圈左右后拉出，最后用拉出的单环承重，通过主锁和牛尾等连接至安全带的攀登环，以起到替代上升器的作用。

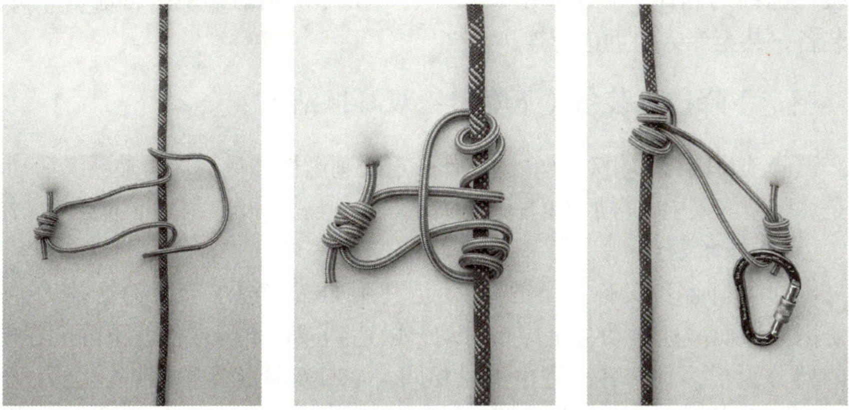

①　②　③

图 4-3-5　普鲁士抓结打法

② 单耳（克式）抓结：与普鲁士类似，如图 4-3-6 所示，将绳套简单缠绕 3 圈左右后将一个单环穿入另一环中拉出，再通过主锁、牛尾等连接至攀登环，用以替代上升器。

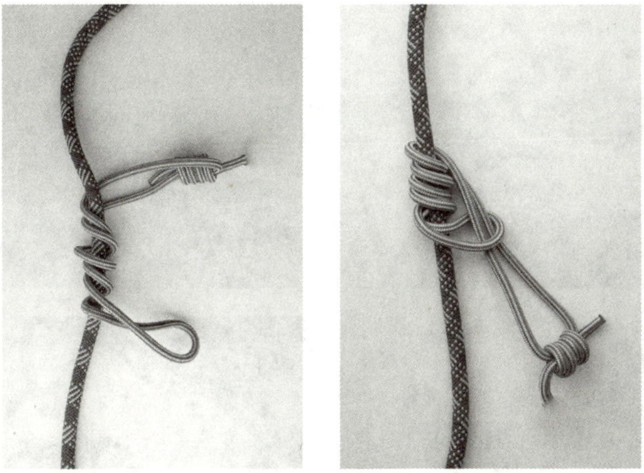

①　②

图 4-3-6　单耳抓结打法

（二）教学要点

（1）可准备一至两条报废主绳进行练习。

（2）上升器因为数量可能有所不足，需要轮换练习，绳套则尽可能每位营员发一条，同时鼓励营员相互协助拉住主绳进行上升器、抓结的受力测试。

（3）对于整体年龄较小的营团（低于9岁），不要求完全掌握上升器的连接和抓结的制作，具备基本认知即可，实际使用前必须由营地指导员检查装备，甚至专人协助进行连接。

三、下降技术装备（下降器、双耳抓结）

溪降项目因操作相对简单且具有一定的刺激性和挑战性，是溯溪活动尤其是休闲型溯溪中常常加入的一个环节，这时候就需要应用到下降器的操作。

（一）技术要点

（1）下降器：又称“保护器”，是利用器械与绳子产生的摩擦力，让绳子因摩擦而减速滑动甚至停止滑动，以达到减速下降或停止下降的目的。下降器分为很多种，其原理也不尽相同，ATC等管状保护器可能会因绳子湿水膨胀而卡绳，从而引发危险，故溯溪活动中建议选用“8”字环进行学习，其使用方法如下：

① 如图4-3-7所示（以单绳为例），将绳索与“8”字环绑定，拿起固定点处的绳索（留出与固定点约1.5米的距离）之后对折绳索，从“8”字环的大环穿入，并套在小环上，然后将“8”字环取下，翻转并将小环与安全带保护环上的主锁相连接。

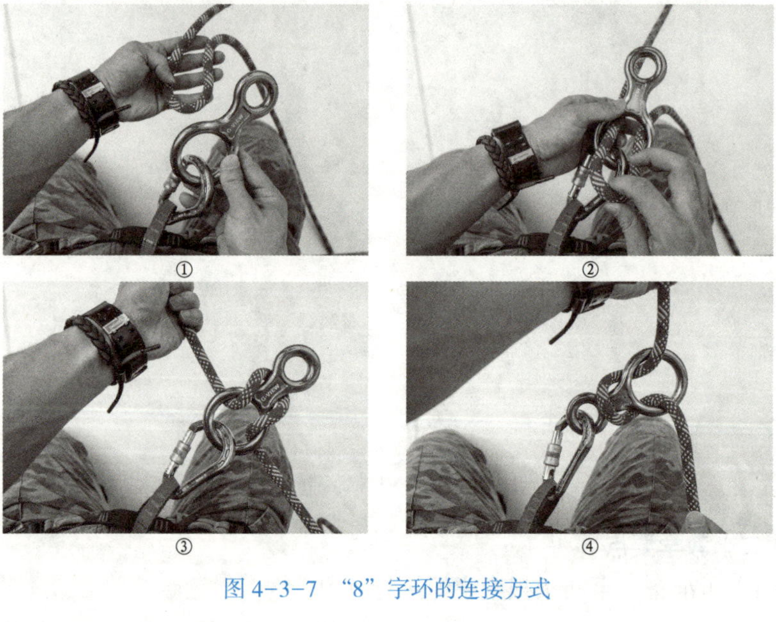

①　②　③　④

图4-3-7 “8”字环的连接方式

② 如图 4-3-8 所示，在使用“8”字环下降器的时候，要保证至少有一只手紧握“8”字环下方的绳索（制动端），另一只手可扶住“8”字环上端的绳索以减少摆荡（在非溪降情境中有抓结的情况下要用扶绳手扶抓结，悬降或不易摆荡情境中则应双手扶制动端），通过握力，慢松“8”字环制动端的绳索，进行安全下降。

①　　②

图 4-3-8　“8”字环下降手势

（2）双耳（法式）自动抓结：主要特点是在受力状况下也可以打开，容易松动，因此多用于下降中通过主锁连接安全带腿环形成副保。抓结打在下降器的制动端，即下降器下端。

其打法如图 4-3-9 所示，将绳套在主绳上绕 4~5 圈（圈数取决于绳子的直径和表面性质），后将两端用主锁扣入即可。需要注意的是若使用双渔人结结成的绳套，要避免将绳结绕在绳圈里，否则无法起到正常的制动作用。

（二）教学要点

（1）可准备一至两条报废主绳进行连接练习。

（2）演示及完整练习过程中须穿着安全带，配主锁两把、“8”字环一个，下降器数量不足时可轮流进行练习。因溪降活动中由营员操作抓结作为副保存在较大风险，可省去使用抓结作为副保的教学。

（3）对年龄层次较低（低于 9 岁）的营员群体，不要求在本节中完全掌握“8”字环的连接方式，具备基本认知、在营地指导员的协助下能够安全连接即可，具体技术操作将在第五节进行详述。

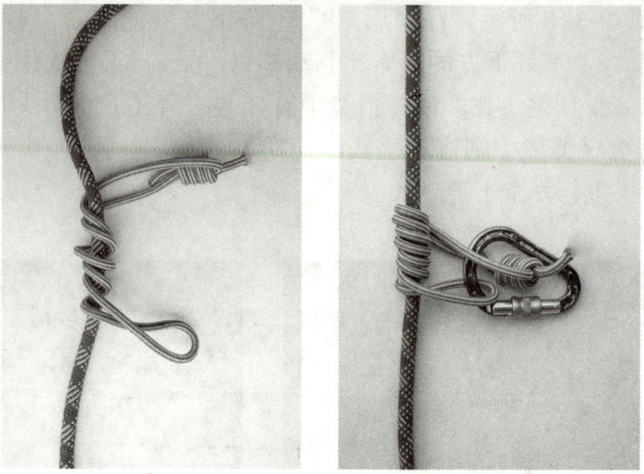

① ②

图 4-3-9 双耳抓结打法

四、课后小测试

本单元教学结束时，除了对装备的使用知识进行回顾外，还需要引导营员加强装备保护意识，可以提出如“主锁、‘8’字环能否磕碰？”“绳索能否踩踏？为什么？”等问题，巩固学习效果。

第四节 无技术装备行进及障碍通过

溯溪活动依据场地不同有着各种各样的难度和形式，在面向青少年开展的活动中，首先需要让他们掌握最基本的活动知识和技巧，方能成功地走进这项活动，并为之后的突破和进一步学习打下基础。无需借助技术装备的基本溯溪行进以及障碍通过技巧（图 4-4-1），是进行任何一次溯溪活动所需要掌握的内容。

一、无技术装备的溪谷步行与障碍通过

溯溪活动虽然以水为主题，但是不管是为了避开激流深潭还是为了寻找适宜涉水的溪流，一定量的陆地行走都是必要的。有些障碍的通过甚至需要用到类似攀岩的基本徒手攀爬技术，提前学习这些技巧能够帮助营员更加便捷地通过基础路段。

图 4-4-1　无技术装备溯溪行进

（一）技术要点

（1）行走要领：与其他户外徒步技巧类似，首先要按体力排好队形，体力差的在前，体力强的在后，行走时不可随意超越。此外，还要注意以下几点要领：

① 速度适当。把控自己的节奏，不要时快时慢时跑时停，尽可能保持匀速。

② 距离合理。队员之间一般应保持 2~3 m 的合理距离，避免相互影响。

③ 精力集中。尽量避免嬉戏打闹，尤其是通过危险路段如过桥、上下坡时要格外注意。

④ 系好鞋带。避免因鞋带缠绕绊脚或鞋子太松陷入泥中难以拔出，队员之间也要相互提醒。

（2）岩石堆穿越：溪流中多遍布湿滑难行的滚石和岩块，行走时应格外注意。看准、踏稳，避免因踏上活动的岩块而跌入急流。一般无涉水必要的情况下，即使穿溯溪鞋，也应踩在石头上端或粗糙处，避免打滑落水。

（3）爬高绕行（简称“高绕”）：遇瀑布、绝壁无法前进时，考虑爬高绕行的方式，即从侧面较缓的山坡绕过去。需要注意避免偏离原路线过远而迷路，越过困难处后观看前方，状况允许时迅速下返溪谷。

（4）“三点式”攀登技术：即在攀登时四肢中的三点固定，使身体保持平衡，另一点向上移动，类似于攀岩动作，不同之处在于这里除了岩石之外还可以抓树干、路绳等支点。需要注意的是，若攀登线路难度较大，绝不可在无安全带等技术装备支持的情况下进行攀登。

（5）横移：遇岩壁、瀑布、深潭阻路，可尝试由两侧岩壁的岩根横移前进，横移亦采用“三点式”技术。岩石多湿滑，支点不易掌握，横移时须特别谨慎，有时支点隐藏于水下，此时可以用脚探测摸索移动，若特别困难，选择涉水或泳渡可能反而更加安全便捷。

（二）教学要点

（1）适当结合图例介绍不同场景所需使用的技术，通过向营员提问的形式帮助巩固记忆。

（2）可选择较简单、安全的自然路段，或使用石块搭建的模拟路段、攀岩墙等进行教学内容示范和练习，同时营地指导员应注意纪律的维持和对营员注意力的管理。

（3）教学与练习“三点式”攀登技术时，条件允许时营地指导员需要在岩壁进行示范。

（三）风险管理

（1）若进行模拟练习，营地指导员需要安排好练习顺序和队形，避免因混乱而发生意外。

（2）若进行攀登的练习，需要在岩壁下设置软垫等保护措施，并限制攀爬高度。

（3）在所有模拟练习中，营地指导员都应准备好对营员施加人为保护，尤其关注年龄较小的营员，避免跌倒、磕碰。

二、涉水渡河技术

徒步涉水是溪谷行进时最重要的技术之一，其难易度与溪流深度、宽度以及水流速度等都有着密切的关系。因溪水透明度一般较高，所以一些溪流的实际深度要比肉眼观测的大。溪流中心一般是水温最低、水最深、流速最大的地带，一般过腰（肚脐线）即为较危险的水深，且溪水温度低，易引起抽筋，故横渡溪流时须十分小心。溪水越深，浮力也就越大，人体就越难以保持平衡，在水深达到肩部时，即使水流再慢，其浮力亦足以使人失去平衡。在了解徒步涉水与水深、宽度、流速等的关系后，接下来需要了解的就是徒步涉水的技术。与此同时，恰当选择涉水地点，避免体力消耗过度。

尽管在长距离的溯溪探险中，提倡的是尽可能保持身体和鞋子的干燥，避免湿水所带来的体温下降、鞋服重量增加以及脚起水泡等负面影响，但涉水除了可以用来应对必要情况外，在短距离、适宜气候、保证安全的情况下，休闲溯溪活动还能由此增添更多的乐趣。

（一）技术要点

（1）一般来说，在常有人经过的溪谷中，可涉水渡河的路段周围会有比较明显的路径，又或者有人工堆砌的石堆等路标进行指示。但是在少有人迹的地区，这类路标就相对缺少，此时只能通过观察，尽可能选择水流较浅、流速较慢、溪流较窄的地点进行渡河。

（2）在选定好涉水渡河的地点后，仍应谨慎小心地通过。为了避免水流带来更多阻力，应选择顺流斜渡。同时还应避免踏入水深过腰的区域。

（3）涉水行走时不应正对对岸前跨，而应当面向上游一步步侧跨，这样可以避免因水流的冲击而使人重心不稳。

（4）涉水时不可抬高脚步，否则重心不稳，应以脚擦地而行，重心平放双脚底，专心行走不要东张西望。

（5）登山杖（有时可用临时捡来的粗树枝代替）等工具宜插在上游方向与双脚形成三个支点，慢慢前进。

（6）除保持个人身体的平稳外，更要注意团体的安全。两人或两人以上可形成集团结队前行，增加重量，稳固重心，以集体前进互助渡河。三至四人集体渡河时，可彼此环抱肩部形成一排，身体强壮者靠近上游位置。

（7）泳渡：水深及胸部，身体会浮起而失去重心，易被冲走，此时先头者（营地指导员）可带绳索游至对岸将绳索架设固定好，后续者（营员及收尾营地指导员）再沿绳索游至对岸。

强渡过腰深（以营员平均身高估计）的水流，必须戴头盔、穿救生衣。

（二）教学要点

（1）条件允许时可选择游泳池或浅水溪流进行基础性技术练习，注意，登山杖是不能在游泳池中使用的。

（2）可提供不同流速、波浪的溪流图片对比，让营员们选择与讨论应从哪里渡河。

（3）可在地面上尝试互助渡河的方式，彼此环抱肩部，营地指导员或较强壮的营员在前。

（三）风险管理

（1）若在条件允许时进行浅水溪流涉水练习，应注意安排专人维持秩序，做好保护，务必选取营地指导员十分熟悉的路段，避开苔藓多、岩石锋利的区域。

（2）若进行泳池模拟，尽可能开辟专门的练习区域，无须使用登山杖，但仍需关注每一名营员，避免发生呛水等情况。

三、课后小测试

本单元教学结束后，可以让营员们讨论“陆地行走和涉水行走所需要注意的要点有何相同与不同？”“为什么建议尽可能不涉水？什么情况下涉水不合适？”等问题，发散营员的思维。

第五节 上升、下降等进阶技术

在第三节技术装备的学习基础上，营员还需要学习如何将其应用到实际场景中。在装备正确连接后，模拟使用场景进行技术性的练习，能够使营员更直观地获得技术体验。

一、上升器、抓结陡坡攀升技术

在一次溯溪活动中，不可避免地会遇到爬升路段，某些时候可以直接通过手抓路绳的形式攀升，而在面对较高风险时，用器械上升技术是非常必要的。这里所学习的器械上升技术主要指应用在陡坡或危险路段，可直立或半直立行走的攀升，器械主要作为辅助和安全的保障，单绳上升技术（SRT）和手脚并用的攀岩技术均不在此处涉及。

（一）技术要点

（1）按此前所述方式正确使用牛尾上升器或抓结与路绳连接。

（2）牛尾长端连接主锁，扣入上升器上方扣环作为副保（图 4-5-1）。

图 4-5-1 上升与牛尾、安全带的连接

（3）推动上升器或抓结前进，尽可能靠双脚行走，上升器力量作为辅助，稳定重心前行。注意上升器不可推到离固定点过近处，以免难以解除。

（4）通过结点时，先将牛尾长端连同主锁取下并挂在结点前端，再拆除上升器，并重新连接于结点前端，此时若为丝扣锁可不必拧紧，但是与上升器下端连接的主锁丝扣要保持拧紧回半圈的状态。

（二）教学要点

（1）可先在平地或营地周边的小斜坡，将绳索一端固定进行模拟练习。

（2）尽可能在穿戴安全带的情况下练习，可帮助营员更好体验上升器对坡面行走的辅助作用。

（3）过节点技术可依行程选择性进行教学，实地体验中若涉及结点通过，每个结点必须有营地指导员进行协助操作。

（三）风险管理

（1）此练习以安全完成为主要目的，场地选择不过分追求陡，有一定倾斜度使上升器或抓结受力即可。

（2）注意器械使用安全，上升器棘轮可能会卡到手指，在教学时应再次强调。

二、溪降技术

溪降是指运用专业的装备在悬崖处沿瀑布下降的一种探险运动，溪降本就是由溯溪运动发展出来，故大多数的溯溪装备适用于溪降。在休闲式溯溪中，经常会加入难度适中的溪降（具有较完善的安全保障），带来惊险刺激的体验（图 4–5–2）。

图 4–5–2　实地溪降活动

（一）技术要点

（1）绳子的位置：以坡面下降为例，下降时，一般将绳子置于制动手的一侧，悬空下降使用管状保护器时有时也会将绳子垂于两腿之间。

（2）身体的姿势：双脚开立，与肩同宽或略宽于肩，使身体呈稳固三角形；脚掌尽可能多地与下降坡面接触，膝盖微屈；上半身保持直立，头略后仰，避免头发卷入下降器中；身体尽可能保持放松状态，不要紧绷。（图 4–5–3）

（3）下降的动作：双脚轻蹬岩壁或坡面，保持匀速下降；切忌猛蹬岩壁快速下降，否则会造成大幅摆荡，严重时会磨伤绳索，一顿一顿的下降也可能过度冲击保护站。制动手（一般为右手）握住抓结下方绳子，导向手（一般为左手）可扶住下降器上端（默认不适用抓结作为副保的情况下），但必须保证制动手的控制。

图 4-5-3　下降身体姿势

（4）注意事项：

① 因摩擦生热，下降过程或下降完毕不要立即用手触碰下降器，以免烫伤，条件允许时建议向青少年营员提供防磨手套。

② 下降过程中，手、头、衣服都不可距离保护器过近，以免手套、头发、衣服等卷进保护器，营员头发较长时应扎起。

③ 快接近地面时，要注意绳子的位置，避免踩踏。

④ 考虑青少年操作风险，溪降活动中不建议使用抓结进行下降；可通过营地指导员自下方拉住主绳以增大摩擦，或自上方通过额外绳索连接保护器的方式作为副保。

（二）教学要点

（1）在非实地溪降的情境下，可不用穿溯溪鞋、救生衣等装备，但必须佩戴头盔。

（2）路线选择、保护站建立等工作预先由营地指导员完成。在非实地教学中，可以选用人工岩壁等进行练习；实地体验过程中，营地指导员必须根据营员情况选择适宜难度的线路。

（三）风险管理

（1）营员的装备穿戴与连接必须有专人进行检查或协助，否则不可进行下降练习。

（2）固定点的设置必须牢固且有备份，下降练习时不建议选择太高的线路。

（3）下降练习下方需有人拉下降绳进行保护，避免营员失速下落。

三、课后小测试

本单元的教学目的是使营员们建立技术操作自信，因而可组织营员进行相关话题的讨论，如“下降操作前是否紧张？”“现在还紧张吗？”“你觉得实地下降自己会紧张吗？”“你觉得哪些技术需要再练习？”等。

第六节　营地溯溪运动综合实践

溯溪活动的知识较为复杂，但一切都来源于实践，因此只有回到实践中，才能充分让营员们理解所学的知识，体验奇妙的溯溪活动。一次成功的溯溪活动帮助青少年在习得户外经验的同时，还能够建立青少年的自信、增长勇气、亲近伙伴、树立优良道德品质。

一、溯溪行前计划介绍

溯溪是一项综合性的户外活动，其计划的完善程度要求相较于登山而言有过之而无不及，尤其是对于未曾有人溯登过的、探险性较强的溪谷，在计划上更应细致周密。在组织一次溯溪活动之前，组织方首先必须要对完整的溯溪活动计划有明确清晰的认识，这样才能有针对性地安排活动，制订出适宜自己团队的计划，并最大程度保证活动的安全。

对青少年营员而言，可以根据其认知程度，对溯溪计划进行整体介绍。在实际操作环节，主要技术性职责必须由营地指导员承担。对营员来说，在整理队形、处理垃圾、时间管理等方面有一定责任意识，能够履行一定职责即可。

（一）知识要点

1. 选择溪流

首先，溪谷难易程度是必须注意的，不同难度的溪流所需时间和装备不同。对于未曾有人踏足的溪谷，应保持警惕，做好十足的心理准备，以应对变化莫测的溪谷环境。而如果是曾有人开展过溯溪活动的溪流，则要利用好溯溪图等可供参考的相关资料，但仍应注意做好周密的筹备工作。

2. 组成队伍

溯溪活动中，体能消耗较大，若团队成员过多，往往会拖慢行进速度，尤其在困难地段会耗费更多的时间。因此，一般探险性质的溯溪人数应以 5~8 人为宜，线路较简单则人数可适当增加，休闲性的溯溪一般可增加到 20~30 人。人数太多，则可能照顾不过来，此时可采用分组方式，分别由有经验者带领。对于青少年团队，线路的选择不宜难度过高，且要求每 6~8 人必须配备一名随队营地指导员进行指导。

3. 考量溯登季节

天气晴雨对溯溪无较大直接影响，因为大多数溯溪活动中身体本身就会湿，但是在阴雨天时，地形判别、导航等技术操作有诸多不便，也不易于拍摄溪谷的景观。同时，阴雨天气可能造成溪水暴涨，不宜溯行。

大体而言，溯溪运动的开展并没有明确的季节，通常夏季最为适宜，但应注意避免和预防暴雨天气带来的危险；秋冬季溯行则应加强防寒措施，如准备潜水用干衣等。同时，根据不同纬度和海拔的气候情况，需要有更多的考量。

4. 收集资料

类似徒步穿越和定向运动中的地形图，专业的溯溪活动有时也会涉及溯溪图等资料，不管有无溯溪图，行前多研究地图都非常有必要。先从等高线图下手，通过描绘主、支流线以确定溪流的难度等级，通过等高线的疏密来判断可能有的峡谷、瀑布或深潭。此外，溪谷步道、露营点、交通、救援点等资料亦需要搜集，以备线路规划时使用。

5. 确定路线

在已有资料的基础上，设计行进路线，包括进山、攀升、下撤、设置休息点等，同时还应考虑各个岔路上可能的预备路线，用于突发情况时的紧急撤离。

6. 解决交通问题

在路线确定之后，还需要解决路线首尾的交通问题。溯溪过程中需要耗费大量体力，若还需要溯溪者走山路绕回出发点坐车，则不仅浪费体力，还易带来审美疲劳。最好的方式就是提前规划好起溯点与终点处的交通方案，若为单个团队活动，则应估算好返程时间以安排接驳车等待。

7. 整理溯溪装备

溯溪装备的选择应该建立在所选择的溪流、路线、天气因素、参与成员水平等基础之上，装备过多或过少均不可取，应在保证够用的前提下预留一定备份。装备在收纳整理时也应尽可能缩小体积，避免影响溯溪行走。

8. 食品计划与医疗用品准备

溯溪食品一般比较精简，重视供能的效率。有条件的情况下建议携带套锅等用具，可以用来煮姜汤饮用以驱除涉水后的寒意。便携医疗包中，应多备跌打损伤药、防中暑药、肠胃药以及防虫蛇药，还要准备冰袋、救生毯、纱布、绷带等急救用品。

9. 溯溪工作人员（营地指导员）的职责分工

除了领队、安全员、装备员等常规的职责分工外，在一些溯溪团队里还需要就个人专长，设置如溯溪图绘制、摄影摄像、探路导航以及地理、气象或动植物调查等岗位。而如扎营、做饭等工作可由全体工作人员共同协作完成。

（二）教学要点

（1）对青少年营员而言，可以根据其认知程度，对上述溯溪计划九大项进行有针对性的介绍。在实际操作环节中，主要技术性职责必须是由营地指导员承担。

（2）重点强调装备准备、食品计划、医疗用品准备、职责分工几个部分，在后一环节中可由营员在分组后模拟进行行前计划与准备，并分享各组的成果，以此激发营员更多的思考，并给营员提供更多的沟通与表达机会。

二、小组的建立与分工

（一）知识要点

（1）营员按照年龄和性别分为 6~8 人一组。

（2）每组各自选出小组长、安全员、时间委员、环保委员、生活委员等，小组规模较小的情况下尽可能每位组员都有自己的职责分工。

（3）团队规则制定：各组内营员对时间管理、环保、行进队形、安全法则等方面进行讨论，形成简洁的小组规定并写下来，约定组员们都认可的奖惩形式。

（4）模拟行前准备：根据前一部分所讲述的溯溪计划构成要素，给予路线图、天气情况等资料，小组各成员按照分工完成如装备、食品、药品准备等方面的计划。各组完成计划后，以组为单位，进行分享与讨论。

（二）教学要点

（1）分组时要考虑营地指导员的数量，每组保证有 1 到 2 名随组营地指导员。

（2）可根据实际情况加入破冰游戏、队旗制作等环节，以增强团队凝聚力。

（3）避免竞选小组委员时出现过度的竞争，尽可能引导职务职责分配到每个人，或采取组长轮换制的方式，并约定轮换时间。

（4）注意组间协作意识，不过分强调竞争，可采取小组长“友谊宣誓”“互帮互助积分”等形式进行引导。

三、准备活动

（一）技术要点

1. 一般性准备活动

（1）有氧热身：原地踏步走、拍拍操游戏等，提高体温，唤醒注意力。

（2）全身关节预热：颈、肩、胸椎、腰背、髋部、膝盖以及手腕脚踝等关节活动预热，一般自上而下，每个动作 1 至 2 个八拍。

2. 专项性准备活动

（1）动态牵拉；动态压腿等。

（2）专项热身训练与游戏：甩臂练习、手足爬行（毛毛虫）、提膝展髋走、手脚时间差、抱膝走、触脚跳、提踝走等。

（二）教学要点

（1）准备活动的选择与营员组成、天气温度、行程计划均有关联，需要结合实际情况决定热身的项目和时间。例如：营员年龄偏小时应该选择更加具有游戏性质的项目进行热身，气温高时可适当减少热身的时间，使用登山杖时则要注意加入手臂的专项热身等。

（2）营地指导员的动作示范应规范准确，口令简洁明了，声音清晰洪亮。

四、徒步与陆地障碍通过

（一）技术要点

（1）运用第四节所学知识进行陆地行进与障碍通过。

（2）发挥互帮互助精神，在保证自身安全情况下关心并帮助其他小伙伴。

（3）注意环保，不要随意毁坏花草、留下垃圾或触碰小动物（详见本章第八节）。

（二）教学要点

（1）环保意识引导：在较安全的路段，可让队伍停下休息，加入“倾听自然之声”的环节。营员闭上双眼，不人为发出任何声音，用双耳去听大自然的声音，持续 1~2 分钟。走在较前位置的营地指导员要注意以身作则，如捡起别人留下的垃圾等，不需要有太多的言语督促。

（2）协作意识引导：鼓励队员互帮互助，同时要注意观察并与营员们商量将体力差、年龄小的营员安排在队伍前面，而其他人不要去超过他。

（3）发现营员有不正确或不合适的行为，要及时劝阻并注意语言引导方式，让营员自己尝试思考为什么不正确或不合适。

（三）风险管理

（1）营地指导员应提前确定线路，并携带好地图与指北针等导航用品，避免带错路。

（2）队伍首尾需配备营地指导员，每 6~8 人必须至少配备一名营地指导员，以便及时应对突发情况或提供帮助。

（3）对于有一定风险的路段，营地指导员要及时设置路绳等保护装置，一般在营团整体年龄偏小且未教授器械攀登技术的情况下，在路线规划时应避开涉及需要器械辅助的线路。

五、简单涉水与水上活动

（一）技术要点

1. 渡河与涉水

（1）按照第四节所学知识进行涉水横渡操作。

（2）如果不幸因突然降雨导致溪水水位上涨无法徒步渡河，则有可能需要通过迂回绕路的方式前进。但是为避免遇到迷路等险情，节省体力，有时可以等溪水水量减少后再渡河。

2. 娱乐性水上活动

（1）在短线行程且天气适宜的情况下，在水流较浅、地势平缓的路段，可直接涉水前行，但是依然要注意脚下的石块和植物。

（2）遇到水流平缓的水潭，可在营地指导员的允许下，停留一段时间开展游泳（图 4-6-1）、跳水等活动。

（3）跳水、水滑梯等活动需要在营地指导员设定的点位进行，且必须是脚朝下，避免被水下岩石磕伤。

（二）教学要点

（1）渡河点必须由营地指导员指定，并可以向营员们说明为何这样选择。

（2）对于惧水的营员，可以引导其在穿好救生衣、戴好头盔的情况下慢慢漂浮在水中（图 4-6-1），以克服对水的恐惧。

图 4-6-1　水上娱乐活动（着安全装备）

（3）水上活动除游泳以外，还可增加如水球、围圈漂浮等集体活动，同时可拍照留念。

（三）风险管理

（1）开展水上活动时，入水前营地指导员和营员都必须穿好救生衣，戴好头盔。

（2）水上活动进行时须有一名营地指导员穿着救生衣在岸上观察，保证所有营员都在视线范围内，发现险情及时进行救援。

（3）对于有一定风险的溪流路段，营地指导员要及时设置路绳等保护装置，一般在营团整体年龄偏小而未教授器械攀登技术的情况下，在路线规划时不应涉及需要器械辅助的线路。

六、器械技术操作（根据年龄及路线难度选择添加）

（一）技术要点

1. 上升器坡面行走

（1）按照第三、第五节所学知识进行装备连接与使用，器械使用前必须经过营地指导员的检查。

（2）一根路绳上的两个结点之间只允许有一名队员，列队按序行进，不可争抢。

（3）营员通过危险路段，解除上升器后，应随队继续前进或在安全位置等候，不能返回到危险路段观看其他营员，以免滑坠。

2. 溪降体验

（1）按照第三、第五节所学知识进行装备连接与使用，器械使用前必须经过营地指导员的检查。

（2）同一条线路，一名营员下降时，其他人员在安全位置等候，切勿在没有装备保护的情况下自行靠近下降点边缘，以免滑坠。

（二）教学要点

（1）对于胆小的营员要及时给予鼓励，但同时要把控好项目时间。

（2）若溪降为直接悬降到水中，可将绳长设置为刚好在水面上一点，不应设置绳尾结。

（3）溪降下游可组织一些水上活动如游泳、水球等，等待其他营员，但要注意与溪降点保持一定距离。

（三）风险管理

（1）除进行保护、连接等操作的营地指导员外，必须有专人在上升或下降路段前后两个位置维持秩序，确保排队等待的营员待在安全地带。

（2）出发前和使用前务必对技术装备进行检查，避免缺失和损坏。

（3）所有连接和装备穿戴必须经过营地指导员检查，必要时营地指导员有责任协助穿戴与连接。

（4）溪降项目中，若营员自己使用抓结进行副保，因湿水或操作不熟练可能发生卡绳并造成严重后果，故不可使用抓结作为副保。要求营地指导员提供副保，副保包括自上方额外绳索保护（保护员自身须使用下降器与副保绳连接，并做好自我保护）和自下方拉紧下降绳增大摩擦两种方式。

七、结束与放松

（一）技术要点

（1）静态拉伸：主要针对小腿肌肉、大腿前侧肌肉、臀部肌肉进行拉伸，可借助物体或在他人帮助下，拉伸至有一定痛感但不剧烈，保持约 30 秒，结束后可对该部位肌肉进行拍打放松。

（2）清点人员及随身物品后返程。

（二）教学要点

（1）静态拉伸练习需要营地指导员进行标准的示范，口令必须清晰。

（2）静态拉伸时可对营员的动作进行纠正，互相协助拉伸时要叮嘱不可用力过猛，对某些容易重心不稳的动作要注意及时施加保护。

（3）可采用围圈捶背拍肩的游戏形式进行集体互动。

八、课后小测试

本节教学结束后，时间允许时可以作业的形式让营员在一张纸上回答以下几个问题，包括“这次活动最好玩的地方在哪里？”“溪降活动是否感觉紧张？最后如何克服了紧张？”“谁帮助了你？”“你帮助了谁？”“你做了哪些保护环境的事情？”“你印象中谁做了保护环境的事情？”“你觉得哪些技术你还需要练习？”等，最后集中进行分享，或直接以集中讨论的形式进行分享。这样的分享既能够获得营员对活动的反馈信息，又能借机对表现好的营员提出表扬。

第七节　溯溪运动常见风险识别与应对

户外活动中危险的发生往往来自于自然因素与人为因素的共同作用。在一次溯溪活动中，营地指导员提前做好线路选择、气象预报、医疗保障、紧急撤退方案等宏观风险把控是重中之重，但在溪谷行进的过程中，往往难以关注到每名营员并及时提供保障。因此，营员也需要具备基本的风险判别能力，以及基础的安全意识。

一、来自自然的风险

自然环境中有各种各样的地形和生物，在带来奇美体验的同时，也蕴含着多种多样的风险，营员需要对此有一定了解，以提高警惕，避免因小的疏忽造成伤害。

（一）知识要点

1. 来自水流的危险

（1）山洪：山洪到达时，不要试图跑过洪水，应丢掉身上的包裹，尽快跑上溪谷两侧的高地，等待洪水退去。若恰逢溪流转折处，外侧水位在离心力作用下会更高，此时跑往内侧的高地会更加安全。

山洪到达前，溪谷中可能会出现一些异常，例如水位突然上涨、水流加快，水面树枝、树叶等漂浮物增多，水的颜色发生变化，以及空气中弥漫着雨和泥浆的味道等，这些都是可能发生山洪的信号。如果听到峡谷上游传来雷鸣般的巨响，则极有可能山洪已然在到来的路上。及时注意到这些异常并尽早转移至安全位置也是规避风险的重要方式。

（2）急流与深潭：涉入或靠近过腰深的溪流时必须穿好救生衣，戴好安全头盔；即使是穿上了救生衣，也不要轻易靠近有明显白色水花的激流；水上活动时，不要离开营地指导员的视线范围，若被水流冲走一定要大声呼救，或吹响救生衣上的求生口哨。

2. 来自陆地的危险

（1）落石：不在崩塌处及可能落石的光秃地休息；遇到落石应大声警告队友，并注意保护自己；高绕坡地时不可摘下安全头盔；高绕或下切时，尽量缩短队伍长度，减少前方队友踢落岩石造成伤害的可能。

（2）湿滑路面：行走需要小心谨慎，有条件的情况下借助登山杖稳定身体，或用手抓树干、岩石等借力，避免滑倒或扭脚。

3. 来自动植物的危险

（1）蚂蟥叮咬：穿潜水布料的小腿护具，可避免蚂蟥附着于腿部吸血；感觉身上瘙痒时应仔细检查是否有蚂蟥附着；发现蚂蟥吸血，不要用手去拔，以免蚂蟥嘴部留在皮肤内造成感染，可用盐或烟草撒在其身上，或用手拍蚂蟥叮咬处周围皮肤使其脱落。

（2）虫蛇咬伤：注意观察道路周围，避免招惹马蜂等毒虫，夏季避免独自通过深草丛等地段；发现行进路线周围有较多数量的马蜂应及时报告随队指导员；发现被咬伤时不要惊慌，尽可能记住是什么样的动物咬伤了自己，并及时报告随队营地指导员。

（3）有毒植物：不随意采摘、食用野果、野生蘑菇等；通过草丛等地段要穿着护腿防止小腿被植物割伤；穿越密林时最好穿着长袖长裤，佩戴护目镜、头巾等，以保护皮肤和眼睛。

（二）教学要点

1. 省略由营地指导员把控的天气、路线方案等风险因素，重点讲营员应该感知或规避的风险。

2. 可搜集相关户外危险事件图片素材，图文并茂地进行讲解，以加深印象。

3. 通过设问的方式，提问“做某些事情是否安全？”“遇到某种危险应该怎么做？”等，强化营员记忆。

二、来自人的风险

除了大自然之外，人的因素也是危险发生的重要原因，其中既包括营员自身犯错或缺乏纪律，又包括团队外人员活动带来的一些危害。

（一）知识要点

（1）打闹跌倒：在户外环境中追赶打闹很容易被石头、树根等绊倒，导致摔伤或扭伤。户外行进中，应保持队形，注意脚下，谨慎行进。

（2）掉队迷路：私自脱离队伍很可能迷路，迷失在峡谷中将可能面临饥饿、受伤等风险。行进过程中务必紧跟队伍，保证在营地指导员视野范围内，如有特殊情况需要停留应提前向营地指导员报告。

（3）错误使用装备：技术装备本身多是在较高风险的情况下使用，因此必须遵守使用规则，接受教练的检查。随意踩踏主绳等可能会导致砂石磨断绳芯，摔碰金属装备可能导致其内部发生肉眼不可见的损坏，从而引发危险，这些行为都应该避免。

（4）捕兽陷阱：在有些野兽行进的道路上可能会有猎人布下的捕兽夹等陷阱，一旦不小心踩到可能会造成非常严重的伤害。行进时，应走在营地指导员安排的道路上，不可自己随意选择道路行走。

（二）教学要点

（1）可通过设问的方式进行知识点回顾。

（2）关于捕兽陷阱这一知识点，可与下一节保护野生动物意识的知识点关联讲解。

三、课后小测试

本节教学前，可准备几张白纸和记号笔，在白纸上标出“自然风险”和“人为风险”两个栏目，结束时分发给营员填写。除了课上已学到的内容外，营员还可以写下其他可能发生的危险情况，并与同伴分享。

第八节　环保与协作

在任何形式的户外活动中，环保都是一个不能忽视的事项。对于青少年而言，在户外活动前建立合理的环保约定并在行程中贯彻执行，能够很好地帮助他们树立环保意识。另外，户外活动向来是团队的活动，营员在溯溪活动中互相帮助，能够拉近伙伴关系，树立良好的责任意识。

一、环境保护理念

在户外运动中，不留下任何痕迹地离开是一种需要大家尽可能遵循的环保理念。

（一）知识要点

户外运动中环境保护的主要内容：

① 提前计划与准备；② 在可耐受的地面上行走和露营；③ 妥善处理垃圾；④ 保持自然原貌；⑤ 降低营火的影响；⑥ 保护野生动物；⑦ 替其他游客着想；⑧ 尊重当地民风民俗。

（二）教学要点

（1）对青少年营员主要以理念介绍为主，不要求完全记忆或背诵。

（2）结合溯溪实例进行讲解，重点强调溯溪活动中所需要注意的环保事项。

二、溯溪运动中的环境保护

（一）技术要点

（1）提前计划与准备：携带垃圾袋、适宜数量的食品，并且尽可能减少食品的包装袋，避免在户外产生过多的垃圾。

（2）可耐受地面行走：在保证自己安全的情况下，尽可能走在石头或者已经成型的路上，不要在不必要的情况下踩踏草地或另辟新路。

（3）妥善处理垃圾：不管是食物残渣还是塑料垃圾，尽量都用垃圾袋装走，不要留在溪谷内，否则会污染水源和泥土，也有可能被野生动物误食。

（4）保持自然原貌：不要将原本生活在峡谷的植物带离它们的家园。

（5）保护野生动物：不要随意触摸野生动物，有些动物的幼崽在沾上人的气味后可能会被其父母遗弃。不随意喂食动物，否则可能会使得它们对人类产生依赖，缺乏自己寻找食物的能力。

（6）替其他游客着想：礼让他人，不喧哗打闹，不打扰他人。

（二）教学要点

（1）以一天内往返的溯溪活动为例进行讲解，露营选址和营火处理等主要由营地指导员所负责的部分不必讲。

（2）注意发散引导的形式。室内课上可以用环境污染、野生动物误食垃圾、植被破坏等图例引起营员们对自然环境的重视。

（3）注意讲解方式。对于低年龄段营员，可将自然元素“拟人化”，如表演一朵花、一个小动物受到来自人的侵害时，会产生的反应和心理变化，以增强代入感。

三、帮助伙伴的方法

（一）技术要点

（1）拉拽：有些上下坡路段可能需要小伙伴之间互相帮助，拉拽是很常见的协助方式之一。拉对方手时，要尽可能互相握对方手腕结成“老虎扣”（图 4-8-1），这样会更加保险。如果从高处拉拽伙伴，需要用另一只手扶树干、岩缝等固定物，没有固定物时，可再由一人环抱拉拽者腰部进行保护。若站立点过于危险，不要轻易尝试拉拽，可请营地指导员进行协助。

图 4-8-1 “老虎扣”拉拽手势

（2）鼓励他人：有时候在其他营员疲惫的时候，来自伙伴的鼓励可能会比来自营地指导员的更加有效，所以多多给予同伴鼓励和安慰，也是一种帮助他人的方式。

（二）教学要点

除教师示范“老虎扣”姿势和腰部环抱姿势外，还可以让营员之间进行练习，这样可以帮助引导营员之间提前建立默契。

四、课后小测试

本节教学结束时，可引导营员进一步思考在溯溪活动中还有哪些地方需要注意环保，将环保、协作意识不仅仅局限于溯溪或者户外活动中，而是应用到生活的方方面面上。

5 第五章 路亚钓鱼

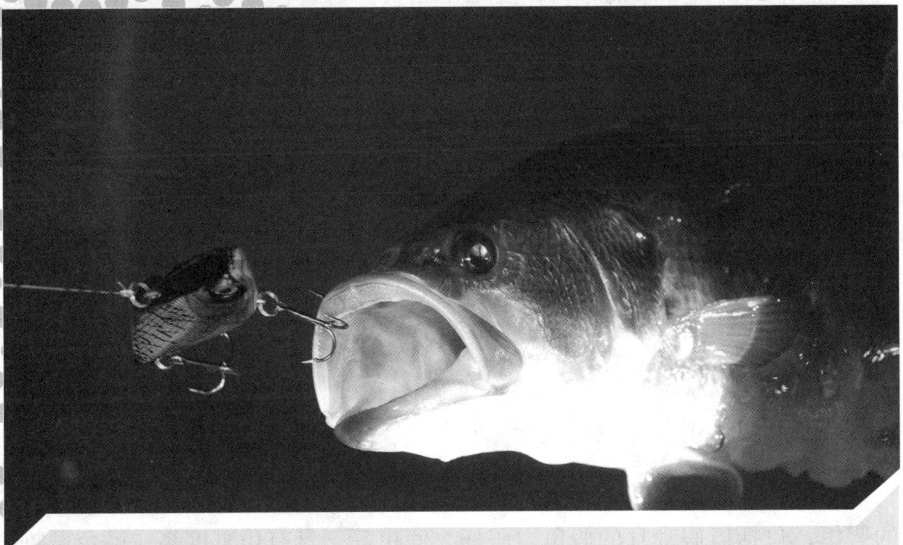

学习目标

1. 了解路亚钓的起源、发展及特点，理解路亚钓的沟通与礼仪。

2. 掌握路亚钓的基础装备，如渔具的组装。

3. 掌握多种抛投技术，掌握基础的抛竿技术，能够安全顺利地抛竿。

4. 掌握中鱼后的操作，向营员传递环保理念，理解为何要钓获后放流。

章前导言

路亚钓鱼是一种广受欢迎的钓鱼形式，因其假饵的特性，能够对水域环境起到很好的保护作用。路亚钓不同于其他钓法的等待模式，而是需要根据鱼群的运动而移动，主动出击，并通过模拟鱼所喜好的猎物的游动姿态诱鱼上钩。在营地中开展路亚钓对于青少年营员而言是一项很有趣的运动，同时为了提高中鱼效率，可以引导营员主动观察诱饵模仿对象的生活习性和运动姿态，能起到提高营员观察能力和建立与自然的亲密联系的重要作用。

第一节 路亚钓鱼概述

一、路亚钓的起源与发展

路亚由“Lure”音译而来，实为“诱惑”的意思，也就是我们通常说的假饵，包括以假乱真的假鱼、假虾、假虫等，具有仿真度高，颜色鲜艳，活灵活现的特点。“路亚钓”（Lure Fishing）就是不断把假饵抛出后再回收，通过垂钓者手动控制假饵，在不同的水层中模仿诱饵的独特泳姿，迷惑目标鱼类，使其发起凶猛的攻击。

路亚钓法起源于芬兰。20世纪30年代，有一位名叫Rapala的渔夫，早年穷苦，常年在韦克叙湖辛苦垂钓以维持生计。他划着木船，用鱼线接了上百个钩，挂上活饵，等待着鱼上钩。多年的钓鱼过程中，Rapala发现用活饵钓鱼尽管效果不错，但频繁地换饵既费时又费力，而且有时活饵还不好找。有一次，坐在船边无聊等待鱼儿上钩的Rapala发现有一种小鱼，类似于我国的白鲦，总是被鳟鱼、梭鱼等一些攻击性强的鱼类攻击，而且总是鱼群中的老弱病残、虚弱的鱼儿最容易被捕食。时间久了，他竟然能根据小鱼的泳姿来判断谁将成为下一条被攻击的对象。Rapala脑间萌发一个念头：能否模仿湖里的小鱼做一个逼真的鱼模型，再往模型身上挂钩子代替活饵，这样是不是也能用来钓鱼呢？于是他选用了鲦鱼（Minnow）作为模仿对象鱼，用剥了皮的松木雕刻成鱼体，用锡箔纸包裹，以胶水牢牢黏合，再描绘出鱼鳞纹。Rapala激动的将这个“诱饵”放入水中实验，结果频繁钓起鱼来。1936年，全世界第一只手工路亚诞生了，掀开了世界钓鱼史的崭新一页。

现如今，路亚钓已经风靡世界，其独特的魅力也逐渐吸引着更多的年轻人加入进来。在国外的很多青少年户外营地也早已有路亚钓课程的开展，并赢得了众多青少年的追捧。路亚钓，不仅需要站立垂钓，而且需要根据鱼群的运动随时调整自己的抛竿位置，体能消耗较大，趣味性和运动性较强，非常适合作为一项户外运动在青少年户外营地中开展。

二、路亚钓装备与术语

（1）鱼竿：路亚钓鱼竿由多节竿体构成，便于拆卸和携带。通常节与节连接处会有金属或者玻璃纤维材质的套圈通过强力胶黏合。

（2）鱼钩（图 5-1-1）：鱼钩是垂钓时用于悬挂钓饵以吸引鱼类上钩的工具，有曲柄和直柄之分。鱼钩由柄头、钩柄、钩弯、钩尖、钩门、钩底六个部分组成，是垂钓时的必备工具。出于安全考虑我们推荐营地开展路亚钓鱼时使用直柄单本钩。

（3）导眼：导眼是与鱼竿竿体相接触，光滑耐磨的小环，在抛投过程中可以良好地控制鱼线，并且把鱼线承受的拉力均匀分布在鱼竿上。

（4）直柄竿（图 5-1-2）：这种鱼竿适合刚接触钓鱼的人员使用，相对比较安全，建议大多数刚开始接触垂钓的营员学会使用直柄鱼竿和纺车式鱼线轮。

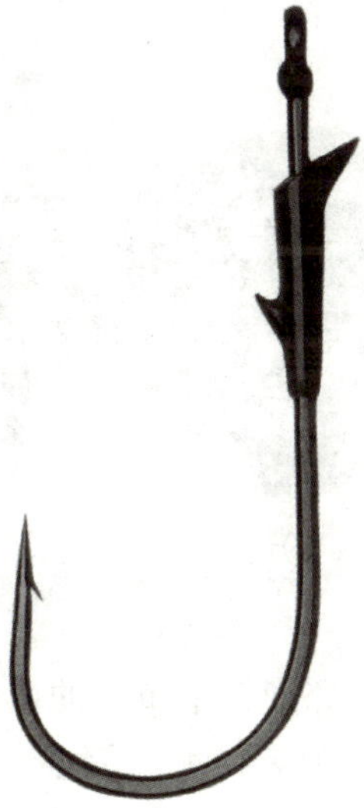

图 5-1-1　鱼钩

图 5-1-2　直柄竿

（5）握把（图 5-1-3）：鱼竿的手柄，由软木塞或者合成泡沫橡胶制成，位于鱼竿的末端。

图 5-1-3　握把

（6）鱼线轮底座：鱼线轮附着在鱼竿的部分。

（7）纺车式鱼线轮（图 5-1-4）：又称旋压式鱼线轮，是最常见的一种鱼线轮。其优点是轻巧灵活，结构简单，使用方便，主要用于江河、湖泊、水库等自然水域的淡水钓鱼。纺车型鱼线轮特点为抛投、回收时放线收线快，卸力装置位于鱼线轮的卷线槽前，方便钓者根据鱼的大小和鱼线的承受能力来调节卸力装置，提高竿钩线的承受力，可使钓组获得更大的保护，提高上鱼成功率。鱼线轮有左右轮之分，对大部分垂钓者来讲右手是最为舒适的，营员们可以按照自己的习惯去选择。

（8）水滴轮（图 5-1-5）：又称封闭式鱼线轮，由快速抛投按键、摇把、出线孔等部件组成。水滴轮的卷线槽口是密封的，看不见放线和收线。特点是通过快速抛投按键出线，仅需要简单触压即可出线，收线也非常简单，容易上手，但是抛投距离不如纺车式鱼线轮，收线的能力也弱。炸线时由于是封闭的结构，也不易调整，一般适宜在水面较小的环境中使用，以钓取体积较小的鱼类。

图 5-1-4　纺车式鱼线轮

图 5-1-5　水滴轮

（9）鱼线：可分为主线和前导线（选用），路亚钓中鱼线的低延展性十分重要。不同的钓法及目标猎物应使用不同的鱼线，通常使用最多的是单股尼龙材质主线，经测试其可承受的重量范围在 3~7 千克之间。为了中鱼后信号能够第一时间传导至营员的手中，在使用尼龙材质作主线时，推荐使用碳线作前导线。

（10）路亚（假饵）（图 5-1-6）：路亚钓中所使用的路亚，也就是假饵，是模仿各种诱饵的高仿真人工制品，通过在水中的移动吸引鱼类捕食。

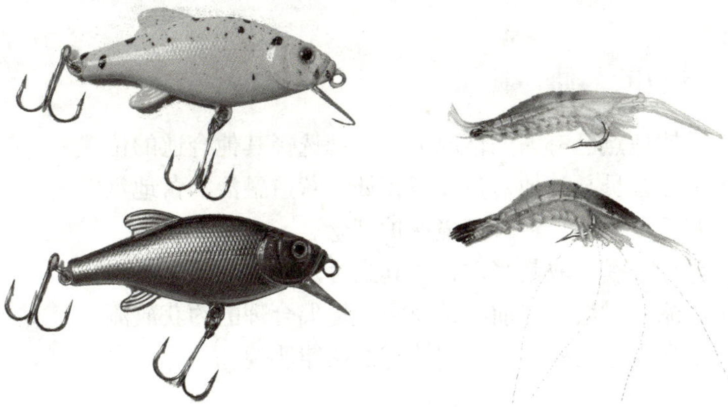

图 5-1-6 路亚（假饵）

（11）旋转亮片：是与路亚别针相连接的椭圆形金属片，亮片尾部带红色羽毛的更好，更具吸引力，通过在水中旋转移动来模拟食饵引鱼上钩。

三、装备的维护与保养

（1）鱼竿不能平放在地面上，避免不小心被踩坏。

（2）鱼线轮应避免与砂石土砾接触，以防止其进入鱼线轮内部造成部件的损耗。

（3）出现鱼线打结的情况时应尽快解开，防止出现更复杂的扭结。

（4）营员必须要了解装备的组件及其功能以便能正确组装，在组装时要特别注意确保组件准确对接，以降低设备损坏的风险，同时最大限度地提高设备的易用性。

四、教学选址

（1）野外宽敞干净且无过多杂草树木的湖边或池塘边是最理想的选择。野外的河边一般树木都比较多，为避免将鱼钩甩到树上去，最好找个较为宽阔的地方。

（2）钓点可选择一个比周围地势较为突出的地方，尽量避免 U 形地势。

（3）选择水流入口处或出口处。鱼儿喜欢戏水，有逆流而游的习性，在水流出口处和入口处往往聚集着许多鱼儿。

（4）根据季节和水温变化选择钓点。天热的时候向有树荫的水面抛钩，天凉的时候向有阳光的水面抛钩，往往效果更好。

（5）晚上选择钓点的时候，要选择靠近杂草的地方，且抛钩时不要扔得像白天那么远，钩也可以下得更深一点，能知道水深的话，可根据水深下钩。

五、钓鱼的沟通与礼仪

（1）垂钓地点已有人的情况下，主动选择其他合适的位置。

（2）引导营员与其他营员友好相处，营造融洽的营地氛围。

（3）尊重大自然，践行环境保护理念。

（4）尊重鱼类，取其当取，舍其当舍。

（5）放流的时候要提前将鱼唤醒，提倡合理的钓获放流。

（6）遵守当地政府有关限制捕捞的法律法规。

六、风险管理

（1）要注意避免在连接配重与鱼钩的时候可能发生的意外划伤。此外，往鱼钩上挂诱饵虫时同样要小心不被鱼钩上的倒钩划伤手指。

（2）可以使用无刺钩或者将鱼钩的钩刺磨钝。

（3）抛投的时候要保证营员的身后是无障碍的空地。

（4）遇到高温天气时，一定要做好防晒，避免中暑。

七、课程计划

在青少年户外营地中，营员对第一次钓鱼体验，特别是当中鱼后营员用力收线时，普遍会感到很兴奋，但建议此时应尽量少安排一些教学内容，对钓鱼做一个简单的介绍即可，最重要的是使营员能够有成功体验。营员在学习钓鱼的过程中，第一步是要学会如何组装自己的鱼竿和鱼线轮。鱼竿与鱼线轮连接之后需要将鱼线穿过导眼。第二步是学习如何将渔具连接到鱼线上，在这一部分将会重点介绍利用绳结将“8”字环与旋转亮片、鱼钩、配重、浮漂和假饵等连接在一起的顺序和方法。接下来在第三步中将会学习如何抛投鱼竿。最后一步是学习中鱼后的技术和放流。

本教材为营地开展钓鱼运动制定了一份推荐课程表（表 5-1-1），按六天时间安排了教学内容，供营地管理者和教练员参考。

表 5-1-1 营地路亚钓鱼运动课程表

时间		第一天	第二天	第三天	第四天	第五天	第六天
主题		开营初认识	守护日	与鱼儿的初次相遇	准备出发	收获的日子	结营返程
早餐	8:00—8:30	抵达营地	早餐	早餐	早餐	早餐	早餐
上午	9:00—11:30	开营仪式（团建/分组/营规/目标/熟悉营区）	装备介绍及保养维护（钓鱼工具介绍/个人装备/场地装备/渔具保养维护）	抛投练习：钓鱼场地（注意事项/抛投基础/技术难点/反复练习）	小组课程再现：小组分配不同课程，以任意形式展现给其他营员（课程消化/策划课程展现形式/课程展示）	钓鱼大赛小组赛（以小队为单位从组装开始，至摘钩。进行整个环节的比拼。根据营员规模，展开晋级赛的模式决出优胜小队）	结营仪式（回顾/授勋/分享/合影）
午餐	12:00—14:00	午餐+午休	午餐+午休	午餐+午休	午餐+午休	午餐+午休	顺利返程
下午	14:30—17:00	钓鱼运动介绍（起源/发展/钓法/装备种类）	鱼竿的组装（了解鱼竿结构/学会组装杆体/连接鱼线轮/鱼线穿过导眼）	中鱼与遛鱼和中鱼与放流（现场讲解/实际操作）	行前准备（风险评估/制定计划/检查钓鱼装备、个人装备及其他辅助工具）	钓鱼大赛淘汰赛	
晚餐	17:30—18:30	晚餐	晚餐	晚餐	晚餐	晚餐	
晚上	19:00—20:00	钓鱼相关精彩电影或纪录片（初识钓鱼运动/激发兴趣）	户外环保理念的学习	篝火晚会（才艺展示/分享/反思）	营地嘉年华（游戏/休息调整）	鱼类主题化装舞会	

课程计划可安排如下：

第一单元：组装鱼竿

鱼竿由多节竿体组成，本节课将讲解如何将这些竿体组合在一起。

第二单元：安装钓组

解释钓组的功能，同时讲解如何将旋转亮片、鱼钩、配重、诱饵等固定在鱼线上。

第三单元：抛投

本单元介绍了在抛投时如何正确地控制鱼竿和鱼线，强调了抛投前观察身后的重要性。

第四单元：遛鱼与放流

在中鱼和遛鱼的过程中要尽量减少鱼的痛苦，掌握迅速安全地将捕获的鱼放流的技术。

第二节 组装鱼竿

营员首先要了解鱼竿各组件的结构和功能，这样才能更好地组装鱼竿。为了降低鱼竿在使用过程中的风险以及最大限度地提高鱼竿的易用性，营员在组装过程中务必要把注意力集中在组装的每一个细节上，确保每节竿体以及鱼线轮和鱼线能够正确对接和组装。

一、鱼竿配件

首先需要营员了解营地中路亚钓所用到的所有钓具及各组件的名称和功能，包括鱼钩、鱼线、直柄竿、导眼、纺车轮、路亚（假饵）、旋转亮片、鱼线。

（一）技术要点

（1）要把每个组件的具体用途进行详细讲解。

（2）讲解具体用途时使用实物或者结合图片、视频，进行形象展示。

（二）教学要点

（1）给予营员确切的装备清单或者图表，以便于让营员清楚地知道自己需要从仓库领取什么装备。

（2）按照使用的顺序带领营员去识别每个组件，首先从组装鱼竿开始，然后进行鱼线轮的组装，最后是钓组的处理。

（3）要帮助营员认识到每个组件需要注意的安全问题或者注意事项。比如，竿梢要避免被周围的灌木或者杂草缠住，鱼线轮应远离泥土砂石等污垢，处理鱼钩时要注意避免被刮伤。

（4）通过向营员提问的方式，帮助他们掌握各组件的结构和功能。

二、组装鱼竿

在这个活动中营员需要掌握如何把鱼竿和鱼线轮组装在一起。本节将详细地讲解如何把鱼线轮安装在鱼竿上以及如何把鱼线穿过导眼的具体方法。

（一）技术要点

（1）在连接两节竿体的时候一定要确保其首尾对准。

（2）仔细地将导眼对准的竿体推到一起。

（3）连接竿体的时候，为了避免张力过大或者其他原因导致竿体破损，需要用手握紧套环。

（4）鱼竿竿体组装完成后，从手柄前端检查所有的导眼是否都位于同一水平线。

（5）为了避免对营员造成伤害，应将鱼竿垂直于地面，在保证每节竿体位置正确的情况下进行加固连接的操作。

（二）教学要点

（1）让营员从握把那节开始，扭转合成泡沫橡胶手柄，通常情况下需要将合成泡沫橡胶握把扭转至安装鱼线轮预留位置。

（2）一旦安装了鱼线轮，为了使导眼对齐就可能需要重新转动手柄。

（3）营员首先自己检查鱼竿的组装是否正确，然后安排相邻的两名营员相互检查。

三、连接鱼线轮

鱼线轮尽管有左手和右手收线的设计，但是转换起来一般比较方便。在选择鱼线轮的时候可以选择直柄套装，这个套装里面包括带线的鱼线轮和竿，鱼线轮是与鱼竿相匹配的。另外也可以分别选择直柄竿和纺车式鱼线轮。需要注意的是鱼线轮分为开放式鱼线轮和闭合式鱼线轮。

（一）技术要点（图 5-2-1）

（1）打开或者拧开鱼竿轮座。

（2）将鱼线轮的轮脚插入轮座，然后关闭或者拧紧轮座。

（3）一定要将鱼线轮牢靠地固定在鱼竿上，否则抛竿时容易将鱼线轮甩出。

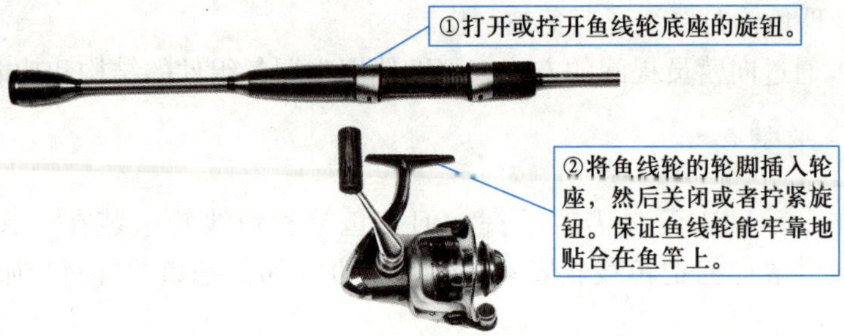

图 5-2-1　连接纺车轮与鱼竿

（二）教学要点

把营员分成两组，轮流将鱼线轮安装在鱼竿上，并相互检查鱼线轮是否牢靠地固定在鱼竿上，通过上下摇晃的方式进行检查。

四、将鱼线穿过导眼

纺车式鱼线轮中鱼线都储存在固定的线轴上，一般都会在外面配备一个鼻锥体用以保护固定的线轴。封闭式鱼线轮通过按鱼线轮后面相应的按钮可使鱼线从出线孔中穿过抛出，摇动摇杆即可回收鱼线。

（一）技术要点

（1）调整鱼线轮后面的泄力开关或者逆止开关用以释放鱼线。

（2）从鱼线轮中放出大约 240 厘米预留线。

（3）从手柄开始，将鱼线穿过每个导眼，最后从竿梢穿出。

（4）检查在穿线过程中是否穿错了导眼。

（二）教学要点

（1）营员休息时可以将鱼线轮那一端放在干净的空地上，例如草地。

（2）仔细地把鱼线穿过每一个导眼。

（3）营员之间互相检查，确保自己和对方的鱼线准确地穿过每一个导眼。

（4）穿线完成后，营员需要去摇动摇杆，以防止更多的鱼线出来。

五、风险管理

（1）在户外场地进行安装时注意竿梢不要被杂草或者其他植物缠住，否则营员可能会被反弹的竿梢打伤。

（2）组装过程中，注意营员的管理，防止营员使用鱼竿打闹，同时注意监督营员用正确的方法组装，防止组装中发生意外伤害。

（3）无论哪个环节，都要求营员在组装完毕后互相检查，营地指导员应再次确认，以防止使用时出现各组件不稳定，甚至脱落的情况。

六、课后小测试

（1）路亚钓中的鱼竿都有哪些？鱼线轮有哪些？

（2）如何检验组装过的部件是牢靠的？

（3）将鱼线穿过导眼需要注意什么？

第三节　安装钓组

营员了解钓组的组件和功能，对于帮助他们安装路亚钓组是非常重要的。营员在安装组件时要特别小心，注意降低装备损坏的风险，以最大限度地延长装备的使用寿命。在连接钓组前，营员应先闭合鱼线轮后部的按钮。

一、钓组配件

钓组指除钓竿外，在垂钓中所使用的线、钩、漂、坠以及与其配套选用的返捻环、天平、诱饵筐等所组成的组合体。选用何种钓具及组合方式要根据垂钓水域、鱼类和钓法来判断。

（一）技术要点

营员应了解以下设备及其功能：

（1）使用绳结用于将鱼线直接连接到诱饵、鱼钩或“8”字环上。

（2）在诸多绳结中我们推荐使用活结，这可能是最简单易学的连接绳结，特别是用尼龙单丝线在淡水区域钓鱼时。这个结最好用 9 千克（20 磅）的力量进行测试。用力捆绑后绳结会有 90% 至 100% 的强度，但捆绑不好的时候强度只有 75% 到 85%。打活结的方法（图 5-3-1）：

图 5-3-1　活结的打法

① 线头压主线一侧打一个单节，留出绳圈。

② 绳头穿过鱼钩或假饵的柄头，顺着主线穿入绳圈的方向穿出绳头，并收紧；用水润湿绳结，并注意让鱼线正确缠绕并且保证不会彼此重叠；最后牢固地拧紧。

③ 沿着主绳连续打三个单节，同时留于柄头位置的绳圈约5毫米，过长时会挂钩。

④ 以适度的张力测试绳结，并剪掉多余的鱼线。

（3）转换“8”字组合，包括一个转换器（别针），它是一个小型设备，别针部分是与鱼线连接起到快速释放鱼钩和旋转亮片的作用，“8”字环部分是起到防止线路扭曲的作用。

（4）旋转亮片钓组（图5-3-2）通常与“8”字环连接，是一种特殊饵，由钢丝、旋转亮片、配重、橡胶条组成。垂钓者在收线的过程中，会导致亮片快速转动，产生忽明忽暗的闪动，同时伴随着旋转而产生的嗡嗡声，这对大鱼来讲是不可抗拒的诱惑。

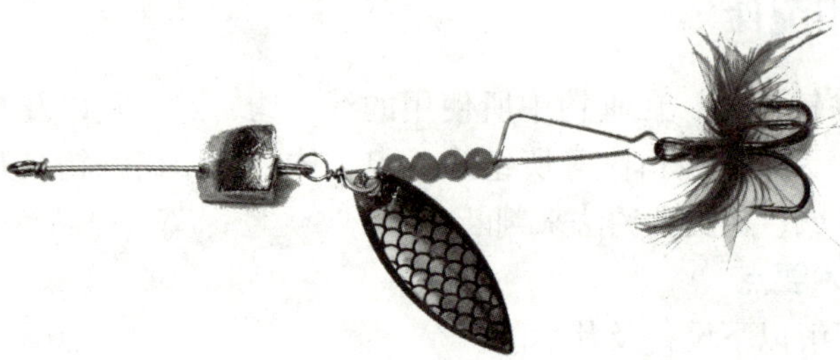

图5-3-2 旋转亮片钓组

（5）鱼钩是金属材质的组件，呈“J”字形状，是垂钓时用于悬挂钓饵以吸引鱼类上钩的工具。现在鱼钩的发展很快，种类繁多，大小型号分类也比较多。鱼钩由柄头、钩柄、钩弯、钩尖、钩门、钩底六个部分组成，每个部分都有其特定的功能，是垂钓时的必备工具。完善的钓具组合是帮助营员成为垂钓高手的利器，而鱼钩则是其中关键的一环。柄头一端和鱼线绑在一起，另一端为捕鱼端。常见的鱼钩主要是圆形鱼钩，圆形钩具有一个倒刺，双钩和爆炸钩有两个或多个倒刺。在路亚钓中鱼钩大部分隐藏在假饵之中，也有悬挂在假饵周围的。

（6）配重的材质一般为铅或其他金属，是钓组中一件必不可少的工具。为了降低对环境的危害，推荐使用金属材质的配重。一般重量分为1克、10克、50克和几百克。抛竿远投时，营员可以借助配重的重量将钩铒投入目标钓点。

（7）诱饵在路亚钓中采用假饵，除了各种仿生饵，还有旋转亮片，模拟的是鱼类及其他水生生物的食物，同时也是垂钓者吸引、诱惑鱼儿的媒介。

（二）教学要点

（1）向营员提供一份钓组安装所需的装备清单和安装流程图。

（2）按照使用顺序识别每件设备，从“8”字环开始，到诱饵结束。

（3）了解与每件设备相关的任何安全问题，例如确保竿梢不卡在树木或水草中，保持鱼线轮远离污物，在挂钩时小心谨慎。

（4）向营员询问设备及其功能，检查其对设备的掌握情况。

二、安装钓组

检查鱼线和所有钓组组件。这项活动将涉及学习如何将绳结扎在“8”字环上或者假饵柄头上，并依次连接旋式诱饵、鱼钩或者配重和假饵。

（一）技术要点

（1）从竿梢收起额外的鱼线，以便营员在抛投时有更多的鱼线从鱼线轮中放出来。

（2）使用额外的鱼线，用活结连接到“8”字环或者假饵上。绳结结尾以活结结束，而不是以死结结束。

（3）把绳结打好之后，给它一个足够大的拉力，以检验它是否牢靠，然后剪掉多余的绳段。

（4）打开“8”字环的卡扣部分（弹出打开的部件）并安装旋式诱饵。确保安装旋式诱饵时不打开鱼钩。

（5）在绳结上方5~8厘米处安装配重。

（二）教学要点

（1）按照以下连接顺序进行：使用活结将鱼线连接到“8”字环上—将“8”字环托盘连接起来—将鱼钩连接到旋式诱饵上—连接配重。

（2）营员互相检查组件的安装，以确保每个人安装顺序正确。

三、风险管理

（1）鱼竿两端应远离眼睛。

（2）鱼钩很尖锐，所以在连接时要小心。

四、课后小测试

（1）什么是钓组？

（2）路亚钓组由哪些配件组成？

第四节 抛投

为顺利抛出钓鱼组件，营员必须了解抛投式钓鱼部件及其功能。必须非常注意设备的组装，以确保组件能正确对准和连接，从而降低设备损坏的风险，并最大限度地提高抛投的有效性。

一、抛投

路亚的抛投方法主要有头顶正抛、正手侧抛、反手侧抛、荡抛和水漂式抛投五种，其中最具有表演性和观赏性的就是水漂式抛投。青少年户外营地中，我们推荐教授头顶正抛。

（一）技术要点（图 5-4-1）

（1）扣线开杯。这一环节需要营员在抛投前，从假饵至顶环预留大概 30~50 厘米的鱼线。以食指指肚抵竿扣线，打开纺架，切记不要让鱼线勒住指关节。对于纺车轮，略长些的鱼线有助抛远，但刚练习时鱼线最好短些。

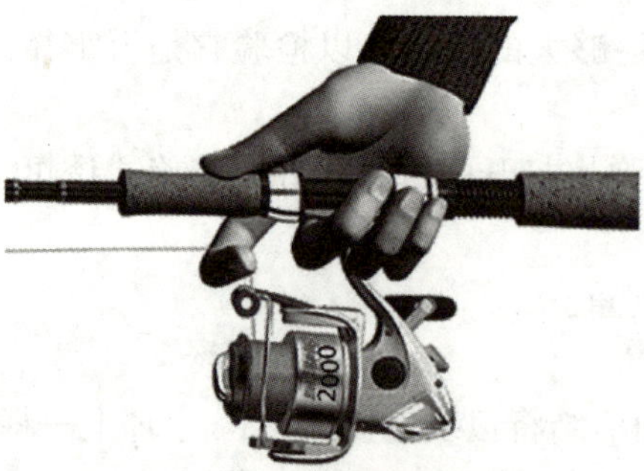

① 指肚扣线

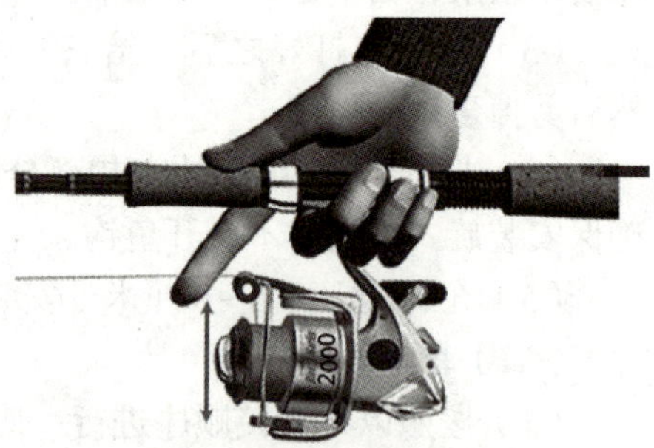

② 调整纺架：纺架两端连线垂直于竿身

③ 打开纺架

> **特别提醒：**
> 纺车轮抛投前，纺架要按照②处理，否则在抛投发力时易出现纺架意外归位而导致路亚弹回伤人或断线。

图 5-4-1　纺车轮抛投前的准备

（2）周边清场。抛投前要确保周围没有旁人和树枝等一切鱼钩能钩住的东西，否则很可能会因为钩到东西导致断竿，或对其他营员造成伤害。尤其是在夜晚，还要特别注意防止路亚线缠住顶环，每次抛投前都要用手扣拉检查一下路亚线是否顺畅，确保未打结。

（3）出手抛竿。常见的有正抛、侧抛、后手抛和打水漂，我们推荐营员使用正抛（图 5–4–2）。头顶正抛最好掌握，适用于远投，轨迹是条抛物线。注意抛投时身后至少要有一竿以上的空间。常见的问题是见高不见远或直接砸在脚跟前，主要原因是手指松线时机不对，勤加练习是唯一解决办法。

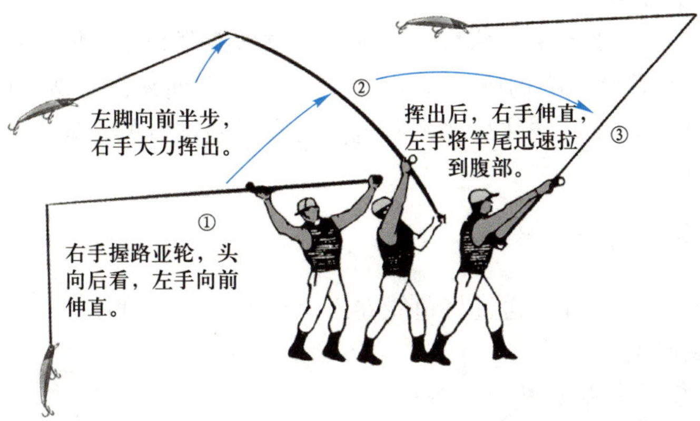

图 5–4–2　双手过头正抛技术

（4）控线飞行。假饵抛出后飞行中，特别是有侧风的情况下，在假饵触水瞬间，应当用手指轻压线杯防止大量出线，这样可以尽可能地减少滞线和防止炸线，也可以防止搭线或者缠到障碍物上而挂失假饵。

（二）教学要点

（1）抛竿前就应当调整好鱼线轮的卸力，这是成功遛鱼的基础，以略用力能拉出线为宜。

（2）对于初学营员而言，假饵不宜过重，越重越难操控。

（3）抛投前确保身后和周边没有其他营员或杂草树木，保证抛竿的安全。

（4）抛投时要保证身后最少有一竿以上的距离，把握好手指松线时机。

（5）多加练习，才能熟练应用。

二、扬竿刺鱼

这个环节包括了给杆一点拉力以适当地将鱼钩钩在鱼嘴里的全过程。

有时，当营员感觉到有鱼上钩时，第一本能就是开始卷鱼线，但这时许多鱼可能都已经跑掉了。当营员感受到中鱼信号时，营员应该第一时间扬竿刺鱼，这意味着给鱼钩一个拉力，使鱼钩钩住鱼的嘴。

（一）技术要点

（1）当起钩时，营员要借助肩膀用力地将竿梢抖动起来，从而使鱼钩可以钩住鱼嘴。

（2）稳定地卷起鱼线，使竿梢指向上方。如果鱼可能要跑掉，且鱼线不足，应避免慌乱。最好一手持竿，另一手以手指轻搭线杯略加阻力，提升起鱼的成功率。

（二）教学要点

（1）营员感受到中鱼信号时，需要牢靠地握紧鱼竿，同时肩膀猛然发力，以方便鱼钩将鱼嘴钩住。这种技巧伴随着实践而来，需要耐心积累。

（2）在鱼钩将鱼钩住后要及时地把所有松弛部分的鱼线卷起来，使鱼线保持紧绷。

三、上鱼处理

上鱼时，营员可以通过将鱼线卷入鱼线轮把鱼拉到岸边，或者使用抄网把鱼抄到岸上。

（一）技术要点（图 5-4-3）

（1）用抄网将鱼抓到陆地上最简单。在水里，将抄网稳定地伸到鱼的下方。

（2）将鱼引导到网上，然后抬起。不要从后面抄鱼，最好从前面抄。

（二）教学要点

（1）所有的鱼都应被小心对待和尊重。

（2）让营员决定是否释放鱼。

（3）在许多情况下，当营员想把鱼钩从鱼嘴里取出来时，不一定非要把鱼拉出水面。

（4）如果想把鱼从水里拿上来拍照，要用湿手把鱼从水里拿上来，尽快拍照，然后把鱼放回水中。

四、风险管理

（1）在抛投之前要注意检查身后是否有障碍物。抛投时，如果后面或侧面有障碍物，钩线就有可能与障碍物缠绕，不但解线费事，而且浪费饵料。营员在抛投时，一定要环视周边环境，若有障碍物，要重选抛投地点。

（2）鱼钩很锋利，抛投的时候要保证营员的身后没有其他人。建议营

① ② ③ ④

图 5-4-3 抄鱼技术

员尽量不在晚上进行抛投练习，因为晚上天色较暗，容易发生意外。

（3）抛投时推荐佩戴太阳镜，以防止眼睛受伤。

（4）在抛投时，营员应检查竿梢的线有无缠绕。竿梢处的线如果有缠绕，不仅投不出钓饵，更为严重的是容易造成松线、丢饵、断竿。

（5）任何时候营员都不能进入到水中操作，防止发生意外。

五、课后小测试

（1）抛投之前我们应当注意什么？

（2）双手过头正抛的四个步骤是什么？

（3）如何提高中鱼的成功概率？

(4)使用抄网起鱼时应当怎样做?

第五节 遛鱼与放流

钓鱼者是否应该在遛鱼后将鱼释放，这是一个很常见的问题。传统意义上，钓鱼为我们提供了宝贵的食物来源。但现在，随着世界各地的鱼类种群日益减少，人们更多地强调释放钓上的鱼以保护休闲渔业的可持续发展。保护鱼类和为了获得可持续的钓鱼体验已经成为越来越多钓鱼者现场把鱼放流的动力因素。

一、了解钓鱼场地

营员要提前研究将要去钓鱼的地区。如果可能的话，应提前访问钓鱼区域的网站，了解可能影响钓鱼体验的各种因素。

(一)技术要点

(1)咨询当地专家，了解当地水质和当地鱼群信息。

(2)记录钓鱼场地的水温、水位和捕鱼季节。

(3)了解钓鱼地区的鱼类。

(二)教学要点

营员应该咨询区域渔业代表或体育钓鱼俱乐部，了解钓鱼点的信息。请记住，当营员被引入钓鱼运动时，要让他首先确定自己将钓什么鱼。

二、调整鱼钩，便于释放

这个环节需要营员思考自己钓鱼的目的。如果营员没有兴趣保留钓上来的鱼，可以对鱼钩进行调整以方便释放。

(一)技术要点

(1)使用无倒钩的鱼钩或压平倒钩的鱼钩。

(2)在鱼类多样丰富的水域环境中，使用直钩或者没有倒钩的鱼钩，这样可以很快地将鱼钩住，而且可以很方便地放长线(手动)将鱼放流。

(二)教学要点

(1)为了防止营员被鱼钩钩伤，选用无倒刺钩更为安全。

(2)无倒刺钩，更容易拔出。

三、遛鱼

钓鱼中常会遇到较大的鱼，一时间很难将其拖到岸边。鱼在中钩后往往会使出全部力气摆脱，营员此时应当握紧钓竿，绷紧鱼线，牵引着水中逃窜的鱼，直至鱼疲惫到无力反抗，再将鱼拉近岸边，抄鱼上岸。这个过程形象地被称为“遛鱼”。

遛鱼意味着营员要花时间把鱼慢慢带到自己身边。在鱼儿游动时，营员要始终保持竿梢朝上，让鱼线处于紧绷状态，不要给鱼容易逃走的机会。

（一）技术要点

（1）将竿梢向上。

（2）根据鱼和水的情况限制鱼的游动。例如，淡水鱼在寒冷、深水中可以承受更长时间的游动。

（3）如果可能，让鱼一直在水中活动。

（4）较差的水域条件（如水温高、水浅）会使遛鱼时间缩短。

（5）避免把鱼遛到筋疲力尽，严重疲惫将会减少鱼生存的概率。

（6）将鱼快速带到安静的水域，并在可控范围内移除鱼钩。

（二）教学要点

（1）该活动可以有其他营员一同参与，体验遛鱼的过程。

（2）营员在有大量小鱼的水边，经过反复的练习可以更好地掌握遛鱼技能。

（3）在没有岩石、杂草等障碍物，而且比较安静的浅水池里，演示遛鱼技术。

四、取下鱼钩

这项活动涉及从鱼嘴中取出鱼钩。营员要仔细观察鱼钩嵌在鱼嘴的位置，并小心地把鱼钩从鱼嘴里取出来。

（一）技术要点

（1）取钩时将鱼留在水中。

（2）轻轻握住鱼，不要用力挤压。

（3）用脱钩器或者用拇指和食指小心地取下钩子，或小心切开鱼钩所在的部位，取出鱼钩，以防鱼进一步受伤。

（二）教学要点

（1）用钩挂海绵模拟钩挂鱼类，再从海绵中去除钩子。海绵的形变大小体现了对鱼施加压力的大小。

（2）这是一种靠练习才能更好掌握的技能，可选择在有大量小鱼的水域练习。

（3）用脱钩器或拇指和食指小心地摘下钩子，必要时可以切割钩子附近的鱼嘴。

五、唤醒和放流

这一环节建议将鱼控制在水中，引领鱼轻轻地向前游动，以使水能够正常通过鱼鳃。如果能够在水中摘除鱼钩，便不用重复以上步骤。

（一）技术要点

（1）一条经过激烈抗争的鱼可能需要人的帮助才能恢复活力。

（2）将鱼放在刚钓上来的自然位置。

（3）如果水流不足，可以向前移动鱼，以保持足够水流过鱼鳃。

（4）尽可能少对鱼进行其他干扰，让鱼留在水中。

（5）给鱼拍照时，尽量让鱼留在水中。

（6）给鱼足够的时间恢复，以便让它自行游走。

（二）教学要点

（1）创造唤醒鱼的环境，多加练习，也可以通过视频进行辅助教学。

（2）要选择在小鱼丰富的水域练习。

（3）鼓励营员从鱼的角度体会鱼的感受，引导营员友善对待捕获的鱼。

六、风险管理

（1）鱼钩很锋利，在取钩的时候一定要注意避免刺伤自己。

（2）户外场地钓鱼时，应设置安全区域，防止营员意外落水。

（3）遛鱼时，如果遇到很大的鱼，可以寻求营地指导员帮助，谨防落水。

七、课后小测试

（1）为什么我们要对钓获的鱼进行放流？

（2）遛鱼时我们必须要等鱼筋疲力尽时才收线上鱼吗？遛鱼时我们应当注意些什么？

（3）如何减少对鱼的伤害，如何正确放流？

参考文献

［1］杭行．潜水宝典［M］．北京：海洋出版社，2015.

［2］温仲华，等．休闲潜水［M］．北京：北京体育大学出版社，2004.

［3］中国潜水运动协会．中国潜水运动史［M］．武汉：武汉出版社，1999.

［4］盛文林．赛艇、皮划艇：激流上的运动［M］．北京：台海出版社，2014.

［5］徐菊生．现代皮划艇运动［M］．武汉：长江出版社，2010.

［6］许亚萍．跟世界冠军学皮划艇［M］．北京：电子工业出版社，2018.

［7］唐亮．水上运动技巧［M］．北京：中国社会出版社，2008.

［8］陈维霖．登山［M］．北京：人民体育出版社，2005.

［9］林宗圣．溯溪的传奇世界［M］．台北：人人出版社，2002.

［10］江乐兴．新手户外探险指南［M］．北京：清华大学出版社，2017.

［11］恬小冰．户外自助完全手册［M］．北京：化学工业出版社，2013.

［12］张严仁，王怡菁，刘进枰．溯溪活动绳索技术与观念的探讨［J］．体验教育学报，2011，(5).

［13］高玖灵．我国体育休闲垂钓运动历史渊源的研究［J］．当代体育科技，2013，3 (5).

［14］丁家辉．飞钓黄鳍鲷：享受比路亚钓法更直接、更强烈的刺激手感［J］．垂钓，2017，(12).

［15］海音．科学钓鱼 200 问［M］．北京：金盾出版社，2005.

［16］海音，沈刚．池塘、水库垂钓技巧［M］．天津：天津翻译出版社，2008.

［17］王少臣．钓鱼装备与技法实战：全彩图解版［M］．北京：人民邮电出版社，2016.

［18］托尔尼奥凯弗．儿童四季户外活动指南［M］．北京：人民邮电出版社，2015.